L'ÉVÊQUE D'ORLÉANS

PARIS

TYPOGRAPHIE GEORGES CHAMEROT

19, rue des Saints-Pères, 19

L'ÉVÊQUE D'ORLÉANS

PAR

LE COMTE DE FALLOUX

DE L'ACADÉMIE FRANÇAISE

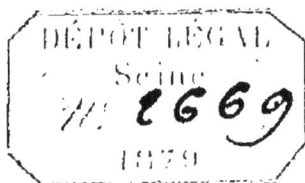

PARIS

LIBRAIRIE ACADÉMIQUE

DIDIER ET Cⁱᵉ, LIBRAIRES-ÉDITEURS

35, QUAI DES AUGUSTINS, 35

1879

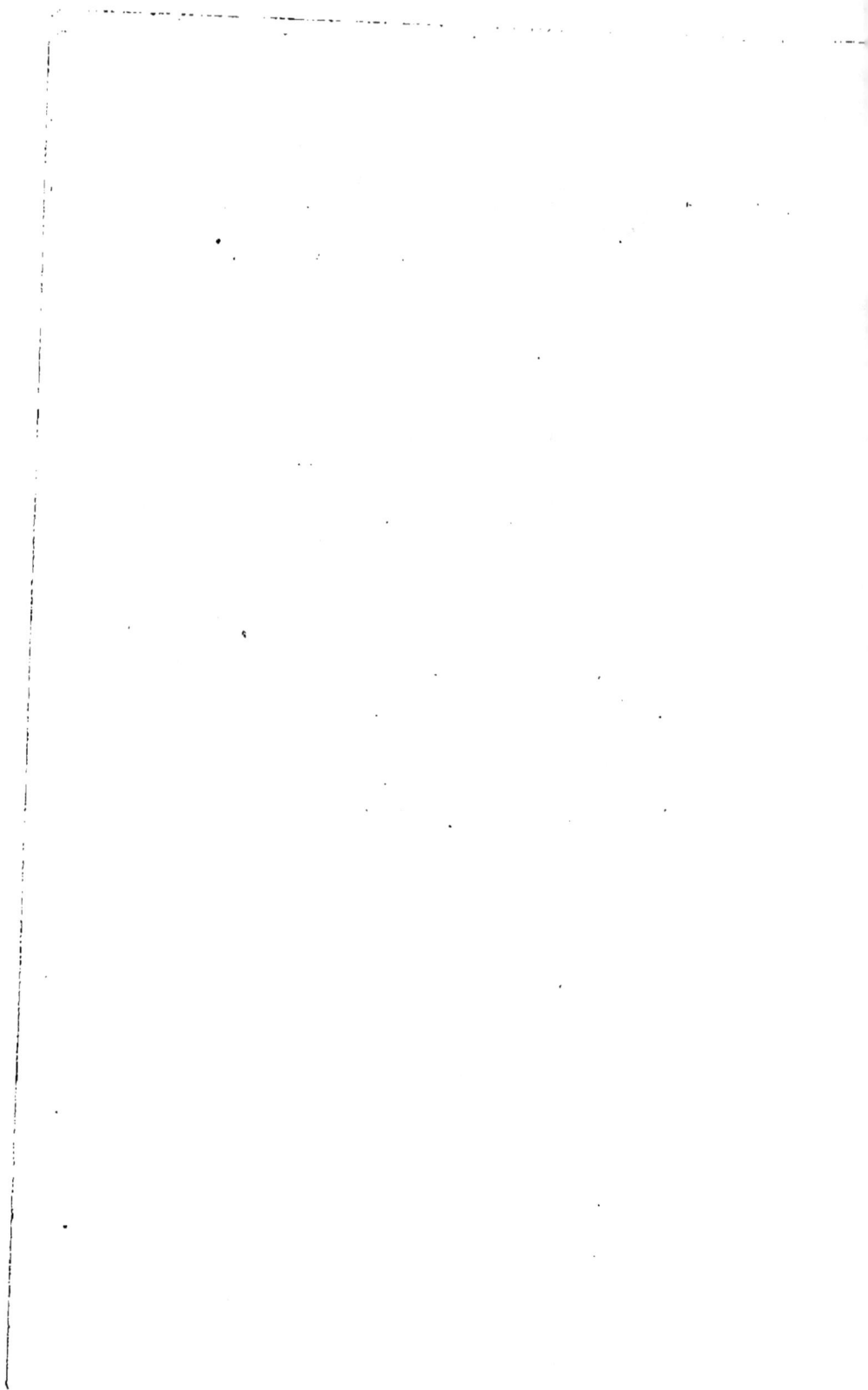

AVANT-PROPOS

Aucun deuil, aucune louange, aucun hommage n'ont manqué à la tombe de l'évêque d'Orléans, et bien vaine serait l'ambition qui tenterait aujourd'hui de consacrer un nouvel éloge à sa mémoire. Ce sont maintenant les faits mieux connus ou affranchis de la discrétion par la mort qui doivent payer leur tribut à l'histoire. C'est une partie de ce soin pieux que je veux essayer de remplir, en détachant un chapitre de *Mémoires* qui n'étaient destinés qu'à une publicité posthume et où les évènements plus que les mots rendent un solennel hommage à celui qui fit tant pour les grandes causes auxquelles je me suis moi-même dévoué. Nos deux vies se sont rencontrées plusieurs fois. Il m'a fait ministre malgré moi; je l'ai fait évêque malgré lui. Dans quelques autres occasions plus récentes, nous avons partagé les mêmes labeurs et subi les mêmes contradictions. J'espère donc qu'une voix amie ne fera pas entendre inutilement ici la vérité, et qu'on ne récusera pas celui qui peut dire : « J'y étais. » J'espère aussi que du récit qu'on va lire ressortira quelque honneur pour le caractère catholique.

L'ÉVÊQUE D'ORLÉANS

CHAPITRE PREMIER

1848-1849.

... Le scrutin du 10 décembre 1848 ne trompa qu'en les dépassant les prévisions de la plupart des hommes politiques. Ce fut, à ne pouvoir s'y méprendre, une protestation directe contre la République qui, presque au lendemain du 24 février, s'était préoccupée d'effrayer les républicains eux-mêmes plutôt que de rassurer et de rallier la France brusquement surprise.

Les chefs de la majorité, M. Molé,

M. Thiers, M. Odilon Barrot, qui avaient, de premier mouvement et avec beaucoup d'entrain, secondé le scrutin du 10 décembre, M. Berryer qui les avait suivis avec plus de réserve et de méfiance, n'avaient point laissé arriver l'évènement sans chercher à obtenir de premières garanties. L'une de ces garanties était la promesse que le ministère serait pris dans les rangs de la majorité et que toutes les fractions de cette majorité y seraient représentées.

On lit dans les *Mémoires* de M. Odilon Barrot :

« Le choix à faire dans le parti légi-
« timiste n'était pas sans difficulté : il fal-
« lait que le ministre, appelé à représen-
« ter ce parti, eût sa pleine confiance et
« cependant qu'il se reliât par quelque côté
« aux idées de progrès et de liberté aux-

« quelles un ministère de la République ne
« pouvait pas ne pas répondre. » M. Odilon
Barrot dit que ce choix tomba sur moi, et il
ajoute avec bienveillance : « M. de Falloux
« joignait à des convictions catholiques
« très-prononcées des sentiments libéraux
« incontestés ; je le vis, à cette occasion,
« et fus assez heureux pour le décider à
« accepter [1]. »

M. Odilon Barrot se trompe : c'est bien
lui, en effet, qui m'a proposé le ministère ;
mais c'est l'abbé Dupanloup qui me l'a fait
accepter.

Dans les premiers jours de décembre 1848,
je vis arriver chez moi M. Odilon Barrot ; il
venait, au nom du prince Louis-Napoléon,
qui tenait son élection pour assurée, m'offrir le portefeuille de l'instruction publique

[1] *Mémoires* de M. Odilon Barrot, t. III, p. 41.

et des cultes. Je reçus cette ouverture avec une surprise bien sincère; j'y répondis par un refus positif. M. Odilon Barrot insista peu et se retira promptement, de l'air d'un homme qui dit avec indifférence : « Passons à un autre ! »

Arrivé à la séance de l'Assemblée, je crus devoir chercher le prince Louis, dans un des couloirs, pour le remercier de l'honneur qu'il m'avait fait. Je lui parlais pour la première fois et je voulais me borner à un simple remerciement; mais le prince exprima obligeamment le désir de causer quelques instants avec moi, et pour que notre entretien ne fût pas interrompu par les allants et venants qui nous entouraient, il me conduisit dans un bureau; le trouvant occupé par une Commission, il referma la porte et me fit entrer dans la salle de l'ancienne Chambre des députés à laquelle notre salle provisoire était adossée. Nous étions seuls dans cette vaste enceinte aux parois et aux colonnes de marbre; la température y était glaciale; nos chapeaux étant restés au vestiaire, nous étions tête nue, et nous nous mîmes à éternuer chacun de notre côté. Le prince m'assura brièvement du regret que mon refus lui faisait éprouver; avec la même brièveté, je m'excusai sur ma santé.

« Si vous êtes effrayé du travail de deux ministères, répliqua le prince, n'en prenez qu'un, et choisissez celui que vous voudrez.

— Je suis aussi incapable d'en occuper un que deux, » répondis-je.

Là-dessus nous éternuâmes de nouveau; le prince me serra la main en me disant : « Il fait bien froid ici! mais j'espère que ce ne sera pas votre dernier mot. » Et nous

nous séparâmes aussitôt, mettant fin à toute
conversation pour nous rapprocher d'une
bouche de calorifère. Telle fut ma première
relation avec un membre quelconque de la
famille impériale.

Cependant cet adieu — J'espère que ce
ne sera pas votre dernier mot — me laissait
à penser. En me refusant à seconder, pour
mon compte, la candidature du prince
Louis, je contrariais les hommes que
j'avais l'habitude de reconnaître pour chefs
à l'Assemblée; je pouvais prévoir que, en
refusant d'entrer dans un ministère qu'ils
travaillaient à former, j'allais encourir un
mécontentement plus vif encore. Je quittai
donc aussitôt la séance avec la ferme in-
tention de ne pas reparaître à l'Assemblée
avant que la liste ministérielle fût définitivement arrêtée.

Le premier assaut que je reçus fut celui

de M. de Montalembert; trouvant ma porte fermée, il me demanda, pour le lendemain, un rendez-vous avec le P. de Ravignan. Je fus exact à l'heure indiquée; mais j'avais été devancé par l'admirable religieux que ses contemporains ont entouré d'une unanime vénération. Personne n'a mieux réalisé cette pensée dont, chaque jour, l'expérience me fait mieux comprendre la profondeur : « Je veux bien que l'on soit un « saint, mais je veux qu'on soit d'abord et « superlativement un honnête homme. » En présence du P. de Ravignan et de M. de Montalembert, je me sentais devant les deux hommes, les deux cœurs, les deux esprits qui pouvaient le mieux vaincre ma résistance par la persuasion, ou la dominer par le respect. Je les écoutai avec un battement de cœur qui m'aurait ôté la parole si j'avais voulu la prendre avant de les avoir

entendus; puis, quand chacun de leurs
arguments eut pénétré dans ma conscience,
je leur répondis en substance : « Nous
sommes, en ce moment, vous et moi,
préoccupés surtout de l'intérêt religieux;
mais là où vous croyez le servir, je crois
que vous allez le compromettre. Il n'y a pas,
soyez-en sûrs, inégalité de dévouement entre nous; mais seulement différence d'appréciation. Ce n'est pas un scrupule monarchique qui m'arrête, car la monarchie
n'est point en question, à cette heure-ci, et
le duc des Cars ne me presse pas moins
d'accepter que M. Berryer et vous-mêmes;
il ne s'agit que de la Religion, qui, elle,
n'est jamais absente de l'intérêt public. Si
j'espérais la servir, je n'hésiterais pas à lui
sacrifier toutes mes répugnances; mais la
tradition des Bonaparte, l'éducation du
prince Louis, ses antécédents en Italie auto-

risent-ils cette espérance? En nous enga-
geant à sa suite, nous assumons une lourde
responsabilité. Si nous paraissons ignorer
dans quelle aventure nous pouvons précipi-
ter notre pays, nous perdrons justement
tout crédit politique; si, le prévoyant, nous
nous y prêtons, nous aurons risqué beaucoup plus que notre amour-propre, car
nous aurons lancé notre cause et nous-
mêmes sur une pente où nous ne saurons
plus ni à quelle heure, ni à l'aide de quelle
force nous arrêter. Si, comme je le crains,
la France s'est trompée dans son choix,
laissons-lui le temps de reconnaître son
erreur : laissons le nom et l'homme pro-
duire ce qu'ils portent en eux-mêmes.
Mais, pour nous, restons, dans cette seconde
phase de la République, ce que nous avons
été dans la première : les serviteurs de
l'ordre, les serviteurs de la société, sans

aliéner au profit de personne le droit de dire la vérité à notre pays. Et, pour donner plus d'autorité à notre parole, gardons-lui toujours la première des sanctions : celle du désintéressement. »

Mes deux illustres interlocuteurs ne se laissèrent pas aisément ébranler, et Dieu sait si l'éloquence leur manqua! Mais ma conviction était si profonde, elle prit, par moments, un accent si ému, que, après trois heures de lutte, elle finit par triompher. Sur la table même de M. de Montalembert et d'un commun consentement, j'écrivis à M. Molé, au nom de qui le P. de Ravignan et M. de Montalembert m'avaient constamment parlé, que mon refus, irrévocable et sanctionné par eux, serait bientôt, j'osais l'espérer, sanctionné aussi par lui-même.

Dès le soir, je fus détrompé par la réponse suivante :

« Paris, 12 décembre 1848.

« Monsieur et honorable collègue, vous
« avez reçu des approbations trop respec-
« tables pour qu'elles n'aient pas dû vous
« confirmer dans le parti que vous aviez
« pris. J'y trouve aussi pour moi un conseil
« et une leçon. Je ne dois pas me mêler
« d'affaires sur lesquelles je serais si loin
« de pouvoir m'entendre avec des juges
« souverains et que je vénère. Je me bor-
« nerai désormais à faire des vœux pour
« une cause que je me sens parfaitement
« incapable de servir.

« J'espère que votre santé ne vous tien-
« dra pas longtemps éloigné de l'Assemblée
« et que je retrouverai bientôt la douce
« habitude de vous y rencontrer.

« Agréez, Monsieur et honorable collè-

« gue, toutes les assurances des sentiments
« que je vous ai voués.

« MOLÉ. »

J'avais la plus profonde déférence pour
M. Molé, et j'attachais le plus grand prix à
sa bienveillance. C'était le modèle accompli, parce qu'il était naturel, de la délicatesse dans l'esprit, de la distinction dans le
langage et de la dignité dans les manières.
Il montait rarement à la tribune, mais c'était toujours dans un moment décisif, soit
pour apaiser un grand orage, soit pour
faire adopter une opportune solution. C'était
surtout dans l'intérieur de l'Assemblée et
dans les réunions privées que s'exerçait
son action la plus efficace. Personne n'a
mérité plus que lui un éloge qu'on n'a pas
souvent l'occasion de décerner : il cherchait
le bien pour le bien, sans se préoccuper de

marquer son nom ou sa place au grand jour, cédant avec une parfaite bonne grâce tous les rôles à effet pour ne s'appliquer qu'aux résultats vraiment utiles. Si l'on voulait rendre pleine justice à **M. Molé**, c'est tout le bien qui a été peu connu ou qui n'a point paru, durant ces trois années, qu'il faudrait raconter ici.

Son mécontentement, d'une amertume non déguisée, m'attrista beaucoup, mais sans ébranler ma résolution.

Ce billet, en outre, me faisait pressentir d'autres remontrances, et je persévérai dans la volonté de rester quelques jours absent de l'Assemblée. Je pensai aussi que ma porte fermée ne me défendrait qu'insuffisamment contre l'insistance de mes amis, et j'imaginai d'aller me promener au Jardin des Plantes, bien sûr que les hommes politiques ne viendraient pas me

chercher là. En même temps, je demandai
à Mme Swetchine si elle voudrait bien me
donner à dîner et me tenir à l'abri, dans
son salon, jusqu'à l'heure où il s'ouvrait
ordinairement.

J'avais alors à mon service un Vendéen,
Marc Séjou, que tous mes amis ont connu
et aimé sous le nom familier de *Marquet;*
fils d'un garde-chasse de mon père, il était
né et avait été élevé dans la maison. On
ne pouvait pousser plus loin que lui le dévouement personnel et la passion politique :
il n'avait cessé de me suivre, à mon insu,
durant les journées de juin. J'étais sûr de
son inviolable respect pour la consigne. Je
lui confiai donc mon plan de campagne, et
lui demandai de m'amener un fiacre rue
Saint-Dominique, à neuf heures, sans livrer
à qui que ce fût le secret de ma retraite.

Tout alla bien jusqu'à huit heures et

demie, et je causais gaiement, comme un homme qui vient d'échapper à un grand péril, quand la porte du salon, que je savais rigoureusement fermée, s'ouvrit brusquement, laissant apparaître l'abbé Dupanloup. Il s'excusa en peu de mots près de Mme Swetchine, puis me dit :

« Je suis chez vous depuis six heures, suppliant vainement *Marquet*, au nom des plus graves intérêts, de m'apprendre où je pourrais vous trouver; il m'a laissé impitoyablement me passer de dîner, mais voyant que je ne me lassais pas plus que lui et que l'heure où vous deviez rentrer approchait, il m'a mis dans le fiacre qui vient vous chercher, et me voici !

— Eh bien! que me voulez-vous?

— Vous faire sentir tout le poids de votre responsabilité. On a porté votre refus au président qui a répondu froidement : « Je

« comprends ce que cela signifie : à l'âge
« de M. de Falloux, on ne refuse pas volon-
« tairement un ministère ; son parti ne lui
« permet pas d'accepter ; c'est une décla-
« ration de guerre. Je voulais prendre mon
« point d'appui au sein du parti conserva-
« teur ; puisque ce point d'appui me man-
« que, je dois le chercher ailleurs. Le parti
« légitimiste lève son drapeau aujour-
« d'hui ; demain le parti orléaniste lèvera
« le sien : je ne puis pas ainsi rester en
« l'air, et je vais demander à gauche le con-
« cours qu'on ne veut pas me prêter à
« droite : ce soir, je verrai M. Jules Favre. »

« Voilà donc, mon ami, ajouta l'abbé
Dupanloup, la situation que votre entête-
ment a créée. Vous allez abandonner l'Italie
à ses convulsions, laisser le Pape sans secours à la merci de ses pires ennemis, reje-
ter dans l'anarchie la France qui n'aspire

qu'à s'en affranchir, et couvrir de confusion devant elle les plus éminents représentants du parti conservateur. »

Je demeurais atterré, à mesure que l'abbé Dupanloup déroulait le tableau de la journée; Mme Swetchine ne prononçait pas un mot.

« — Qui vous a dit tout cela ?

— M. Molé lui-même, puis M. de Montalembert qui dîne à deux pas d'ici, chez Mme Thayer, et qui demande en grâce à vous voir.

— Eh bien ! menez-moi à lui. »

Je laissai Mme Swetchine dans la plus grande anxiété, car elle connaissait trop bien le fond de mon âme pour ne pas sentir l'étendue de mon sacrifice.

Mme Thayer, fille du général Bertrand, unit une grande piété à une grande distinction ; elle était fort associée aux vœux des

catholiques. A peine fus-je entré chez elle
que M. de Montalembert s'écria avec véhémence :

« Nous avons eu tort de vous céder!
Nous devions pressentir cela! Réparez-le!
réparez-le, je vous en supplie, s'il en est
temps encore! »

Tout le salon fit écho à ce cri.

« Eh bien! répondis-je, je ne lutte plus
pour mon propre compte, mais j'ai des conditions à faire pour vous comme pour moi.
Allons immédiatement chez M. Thiers,
pendant que l'abbé Dupanloup retournera
chez M. Molé. »

Le salon de la place Saint-Georges commençait à se remplir; M. de Montalembert
y entra seul et dit à l'oreille de M. Thiers
que je l'attendais dans une pièce voisine;
il accourut aussitôt vers moi les deux mains
tendues.

« Ne me remerciez pas encore, lui dis-je :
je viens à vous parce que les prêtres m'en-
voient (et je me rappelle parfaitement que
je me servis à dessein de cette expression,
pour bien mettre, tout de suite, mon inter-
locuteur en face de la difficulté). J'accepte
le ministère, si vous me promettez de préparer, de soutenir et de voter avec moi une
loi de liberté de l'enseignement; sinon,
non.

— Je vous le promets! Je vous le promets! répondit M. Thiers avec effusion ; et,
croyez-le bien, ce n'est pas un engagement
qui me coûte. Comptez sur moi, car ma conviction est pleinement d'accord avec la
vôtre. Nous avons fait fausse route sur le
terrain religieux, mes amis les libéraux et
moi ; nous devons le reconnaître franchement. Maintenant, laissez-moi courir chez
le président, qui reçoit, à cette heure

même, de détestables conseils, et, dans quelques heures peut-être, ne serait-il plus temps de le soustraire à de funestes influences. »

M. Thiers prit en hâte congé de ses visiteurs; M. de Montalembert voulut bien se rendre de ma part chez M. Molé pour le mettre au courant de ce qui venait de se passer chez M. Thiers; je repris mon fiacre et je rentrai chez moi en disant :

« Eh bien! mon pauvre *Marquet*, tu vas entrer au ministère! Qui se serait attendu à cela?

— Certainement pas moi, répliqua-t-il tristement; cependant, puisque Monsieur le fait, je suis sûr que c'est pour le bien, et il faudra se résigner. »

Voilà comment et à quel prix je fis mon entrée dans la carrière du pouvoir à laquelle j'étais si peu préparé.

M. Barrot, lorsque mon changement de résolution lui fut connu, m'avait offert l'un des deux ministères seul; mais je lui répondis que mon sacrifice étant fait, je voulais le rendre le plus utile possible à la cause religieuse, et j'insistai pour la réunion des deux portefeuilles qui, en effet, me furent confiés.

Le 20 décembre 1848, le président prêta serment à la Constitution devant l'Assemblée, et le ministère suivant parut dans le *Moniteur*.

Ministère de la justice et présidence du conseil : M. Odilon Barrot.

Affaires étrangères : M. Drouyn de Lhuys.

Intérieur : M. Léon de Maleville.

Guerre : le général Rullières.

Marine : M. de Tracy.

Finances : M. Passy.

Agriculture et commerce : M. Bixio.

Travaux publics : M. Léon Faucher.

Instruction publique et cultes : M. de Falloux.

Les rapports du prince Louis Bonaparte avec son ministère furent d'abord très-embarrassés et quelquefois assez plaisants. Excepté M. Odilon Barrot, le prince ne connaissait de vieille date aucun de nous ; on peut même ajouter que, en dehors du petit groupe napoléonien au milieu duquel il vivait habituellement, il ne connaissait personne : c'est avec la France entière qu'il avait à faire connaissance. Dans cette situation, il se sentait exposé à toutes sortes de méprises, et son accent étranger, que le *Charivari* raillait sans cesse, ajoutait encore à son embarras. On s'apercevait aisément qu'il y avait en lui une ignorance des hommes et des choses de la France qu'on n'aurait jamais soupçonnée chez un prétendant qui avait toujours visé à la gouverner. Il possédait bien les sciences exactes et en savait ce que beaucoup ignorent; en revanche, il savait très-peu ou très-mal ce que tout le monde sait. Il n'avait presque aucune notion juste en littérature et en beaux-arts. Un jour, on lui présenta un album en sollicitant l'honneur d'y voir figurer son écriture; il écrivit :

Le premier qui fut roi fut un soldat heureux.

RACINE.

Et pourtant, s'il y avait un vers de Voltaire qui dût être connu des Bonaparte, c'était bien celui-là !

Ayant l'occasion de lui parler des innombrables bienfaits de la duchesse de Luynes dans les faubourgs, et du grand savoir du duc de Luynes qu'il était question de placer à la tête de l'administration de Paris :

« Le duc de Luynes ? me dit-il, de l'air d'un homme qui fouille dans tous les replis de sa mémoire, mais ce n'est pas un duc de l'Empire ?

— Non, monsieur le président ; c'est le descendant d'un connétable de l'ancienne monarchie.

— Ah ! alors c'est un légitimiste ?

— Oui, monsieur le président.

— Cela lui fait honneur. »

Du reste, il ne manquait jamais une occasion, et d'un air très-naturel, de rendre hommage à un bon sentiment. Il lui est arrivé plus d'une fois, lorsque nous allions entrer au conseil des ministres, de me dire : « Monsieur de Falloux, j'ai reçu des nouvelles qui vous feront plaisir : ma cousine Hamilton a eu, ce matin, des nouvelles

de la duchesse de Parme ; Monsieur le
comte de Chambord se porte très-bien. »

Le Président excellait à compenser ainsi
par la bonne grâce et par la courtoisie les
inquiétudes qu'il excitait par ailleurs et que
son habituel mutisme n'était pas fait pour
dissiper. Jamais le proverbe : *Qui ne dit
mot consent,* ne fut moins vrai qu'avec lui.
Il ne soutenait jamais son avis, mais y re-
nonçait encore moins : nous en fîmes
promptement l'expérience. . . . . . .

. . . .

. . . .

. . . .

Lorsque j'entrai dans l'hôtel du ministère, et pris possession, non sans effroi,
du fauteuil, religieusement conservé, de
M. de Fontanes, le premier objet qui frappa
mon regard, sur le bureau du grand-maître de l'Université, fut un très-beau porte-

feuille de maroquin rouge sur l'enveloppe duquel était écrit : *De la part de M. de Persigny. Souvenir de Londres.* 1835. J'ai raconté précédemment le singulier roman qui était résumé dans ce peu de mots.

Je trouvai, en même temps, la lettre suivante du P. Lacordaire :

« Dijon, 23 décembre 1848.

« Mon cher ami,

« Vous voilà ministre. En toute autre
« occasion, je vous en féliciterais, j'en féli-
« citerais la religion et le pays. Mais, dans
« les circonstances présentes, je vous féli-
« cite surtout de n'avoir accepté qu'après
« des refus longs et sincères. Car il y a des
« probabilités que votre avènement est une
« préparation à un retour monarchique par

« l'Empire ; or, étant persuadé que ce re-
« tour serait funeste à la France, parce qu'il
« ne produirait qu'une répétition stérile et
« inférieure des temps passés, j'ai la crainte
« de voir votre nom et celui des catholiques
« compromis par une participation à cette
« œuvre dont le moindre malheur serait de
« manquer de portée. Mais si le sang et le
« chaos et un recul de vingt-cinq ans de-
« vaient, de plus, en être la suite, mon
« regret serait bien autrement amer et
« douloureux. Au moins vous vous êtes
« préparé la consolation d'avoir accepté
« avec résistance et une résistance opi-
« niâtre. Dieu en soit loué ! Que si je me
« trompe et que le Président de la Répu-
« blique écoute d'autres inspirations que
« celles d'un cœur ambitieux et vulgaire,
« ou même que l'impatience d'un pays
« étonné de souffrir des révolutions qu'il

« fait, dans ce cas, je fais plus que vous
« féliciter, je suis heureux et glorieux de
« votre présence au ministère. Vous y
« serez le premier ministre catholique que
« la France y ait vu, depuis soixante ans ;
« vous prendrez part au rude labeur d'as-
« seoir une époque inconsistante ; vous
« mettrez votre nom dans des libertés d'au-
« tant plus précieuses qu'elles sont nées
« au bord de l'anarchie ; vous ne rétablirez
« ni la monarchie de Clovis, ni celle de
« Charlemagne, ni celle de Louis XIV, ni
« celle de Louis XVIII, mais la monarchie
« du bien et de la justice. Enfin, si vous
« n'êtes pas un homme d'échauffourée,
« vous serez un homme de la seule sorte de
« choses qui demeure, les choses qui coû-
« tent du temps, de la douleur et de la
« vertu.

« En récompense de mon petit sermon,

« voici une supplique d'un Polonais esti-
« mable et bon chrétien, qui a perdu l'in-
« demnité qui lui était allouée, par suite
« de l'expédition de Posen, autorisée du
« gouvernement provisoire. Elle est adres-
« sée au ministre de l'intérieur. Si vous
« pouvez l'appuyer en quelque manière,
« vous me ferez plaisir. Pour ce qui est de
« moi, je ne vous demanderai jamais rien
« que de me garder une place dans votre
« cœur, quelque part qu'il soit.

      « Fr. Henri-Dominique Lacordaire,
         « *des Frères Prêcheurs.* »

Cette lettre m'eût éloquemment rappelé
mon devoir, si j'avais été tenté de l'oublier;
mais je n'avais rien de plus à cœur que de
me justifier à mes propres yeux, en entre-
prenant, sans perdre une minute, la double
tâche à laquelle je m'étais dévoué: la liberté

religieuse en France, le salut du Pape en
Italie.

Le général Cavaignac avait vivement
pressé Pie IX d'accepter un asile en France
si le séjour de Rome devenait impossible,
et le Président ainsi que son ministère
demeuraient très-fidèles à ce vœu. Nous
le fîmes exprimer directement au Saint-
Père par l'homme le plus capable de le lui
faire agréer, M. de Corcelle. On peut aisément supposer que je ne restai point per-
sonnellement en arrière, de ce côté, et je
remis à notre ambassadeur une lettre que
j'ai eu la consolation de retrouver depuis
dans le recueil des hommages qui ont le
plus touché le Souverain Pontife durant
son exil, et qu'il a fait publier sous le titre
de *Orbe Cattolico*.

Voici cette lettre :

« Très-Saint-Père,

« Dans l'affliction profonde que j'ai
« éprouvée en me voyant chargé d'un far-
« deau au-dessus de mes forces, j'ai res-
« senti cependant une bien douce consola-
« tion : c'est l'espoir de rendre quelques
« services passagers à l'Église et de ren-
« contrer quelque occasion de montrer
« mon dévouement particulier à Votre
« Sainteté. Cette occasion, le malheur des
« temps ne l'a que trop fait naître !

« Celui qui aura l'honneur de déposer
« cette lettre aux pieds de Votre Sainteté
« lui dira mieux que personne les vœux
« et les pensées du gouvernement auquel
« j'appartiens. Il pourra ajouter devant
« Dieu que la présence de Votre Sainteté
« et les bénédictions qu'elle apporte achè-

« veraient certainement ce que les inten-
« tions des hommes ont toujours d'in-
« complet.

« Pour moi, Très-Saint-Père, sans
« entrer prématurément dans de si graves
« intérêts, je n'ai, en ce moment, à cœur
« qu'un désir, celui de pénétrer Votre
« Sainteté de la conviction de mon plus
« filial, de mon plus inaltérable dévoue-
« ment.

« La France tressaillera d'allégresse
« lorsque le pied du Saint-Père touchera
« son sol, et si la position que j'occupe
« actuellement permet que je sois le pre-
« mier à le recevoir, veuille Votre Sain-
« teté croire que je serai le premier sur-
« tout par l'inexprimable émotion de mon
« âme.

« Veuille le Très-Saint-Père agréer
« d'avance l'hommage de ces sentiments

« si profondément sincères et avec lesquels
« je suis et demeurerai toujours

> « De Sa Sainteté,
>
> « Le très-humble serviteur et fils,
>
> « Alfred DE FALLOUX.

« Paris, le 8 janvier 1849. »

Du 20 décembre au 8 janvier, le ministère avait subi une importante modification. M. Faucher avait remplacé à l'intérieur M. de Maleville qu'une noble susceptibilité avait porté à donner sa démission. M. Bixio n'avait pas voulu se séparer de M. de Maleville, et avait été remplacé par M. Lacrosse. M. Buffet, à ma vive satisfaction, avait été appelé au ministère de l'agriculture et du commerce.

M. Odilon Barrot avec un infatigable courage, M. Faucher avec plus d'énergie que de tact, soutenaient les luttes de tri-

bune, et, grâce à leurs antécédents, grâce
à leurs liaisons personnelles, arrivaient
peu à peu à rallier la gauche modérée, à
la séparer de la gauche extrême dans les
votes décisifs, et à former une majorité
qui, tout en rendant la vie dure au ministère, le soutenait faute de mieux et
crainte de pire.

Cette situation me laissait donc toute
latitude pour ne pas perdre de vue la question romaine et pour préparer la solution
si longtemps cherchée qui devait doter la
France d'une suffisante liberté d'enseignement. Les circonstances étaient, d'ailleurs,
favorables.

Depuis que le clergé et le pouvoir avaient
cessé de se compromettre réciproquement,
et que, tout en repoussant les théories de
séparation, ils s'étaient donné des gages
d'une prudente indépendance, le catholi-

cisme et les catholiques n'avaient cessé de gagner du terrain dans l'opinion publique. De jeunes et hardis serviteurs de la cause religieuse, appuyés sur la liberté, avaient donné beaucoup d'éclat et de puissance à ses revendications; l'épiscopat n'avait pas craint de prêter son autorité à leur jeune ardeur. La société religieuse tendait la main à la société civile qui s'y montrait sensible. Les ennemis de l'Église n'étaient pas désarmés, mais ses défenseurs devenaient de jour en jour plus nombreux, plus écoutés; quelques-uns même étaient entourés d'une véritable popularité. Un grand accord cimentait ce renouvellement de toutes les forces religieuses : les laïques acceptaient franchement la direction du clergé ; le clergé entrait franchement dans la situation des laïques; et les jésuites, comme les dominicains, voyaient de toutes parts la foule accourir aux pieds de leurs chaires.

Enfin, ce grand mouvement d'expansion avait été couronné, en 1846, par l'avènement de Pie IX qui y faisait entrer l'Italie et, pour ainsi dire, la catholicité tout entière. A l'époque où j'arrivai au ministère, le malheur avait ajouté un nouveau lustre à de grandes vertus, à de magnanimes intentions, et se déclarer, en France, l'ennemi de la Papauté, c'était se séparer de presque tous ceux qui gardaient, au sein de la société civile, sang-froid, raison et clairvoyance.

Je n'avais donc, pour remplir mon rôle, rien à faire que de ne pas le gâter par mes fautes personnelles ; je n'avais qu'à suivre l'impulsion donnée par mes amis qui étaient à la fois mes devanciers et mes maîtres. Mes fautes pouvaient être de deux sortes :

laisser échapper .'occasion, ou prétendre
faire de la liberté d'enseignement le triomphe exclusif de mon parti et de ma personne; je ne fus, grâce à Dieu, tenté ni
de l'un ni de l'autre.

On me fait tantôt un crime, tantôt un
mérite de la loi de 1850; en réalité, je n'ai
droit ni au reproche, ni à l'éloge, au delà
d'une très-modeste mesure. Je ne m'a-
dresse à moi-même qu'un seul compliment:
c'est d'avoir su m'effacer à propos et de
bonne foi. Je n'avais grande confiance ni
dans l'avenir du ministère dont je faisais
partie, ni dans mon propre avenir; je
sentais qu'il fallait travailler à une œuvre
capable de me survivre et qui pût, à mon
défaut, être défendue par d'autres. Que
fallait-il pour cela? Quelque chose de très-
simple, appeler les représentants de tous
les partis sincères à une œuvre collective

dans laquelle chacun eût son propre ouvrage et sa propre solidarité à protéger.
Ce calcul était élémentaire, et M. de Montalembert m'en eût suscité la pensée, si
elle n'était née spontanément de notre
commune inspiration et de notre égal dévouement. Nous tombâmes donc immédiatement d'accord, lui et moi, sur les
principaux points de la conduite à tenir :
réclamer le concours de tous les partis,
sans assurer d'avance la prépondérance à
aucun, sauf à celui de la liberté ; appeler
à l'honneur ceux qui avaient pris part au
combat, en s'assurant toutefois que les an-
ciens combattants croyaient l'heure de la
paix venue ; appeler l'Université elle-même,
dans ses plus éminents représentants, à reconnaître la nécessité et à se donner le mérite d'une loyale concurrence ; enfin prendre
au mot le libéralisme éclairé par l'expérience

et courageusement résolu à réparer de sa propre main les erreurs ou les emportements du passé. Ce plan une fois admis, les noms propres s'imposaient d'eux-mêmes.

Le 4 janvier, je publiai dans le *Moniteur* un rapport au Président et la nomination de deux Commissions, presque immédiatement réunies en une seule, chargées de préparer, à la fois, une large réforme législative sur l'enseignement primaire et sur l'enseignement secondaire. Cette Commission se composait de vingt-quatre membres, et, au point de vue des intérêts qu'elle était chargée d'étudier, pouvait se décomposer ainsi :

Pour l'Université, MM. Cousin, Saint-Marc Girardin, Dubois, Poulain de Bossay, Bellaguet, Michel; pour les catholiques partisans de la liberté d'enseignement,

MM. de Montalembert, de Melun, Laurentie, Augustin Cochin, Henry de Riancey,
de Montreuil, Roux-Lavergne, l'abbé Sibour, cousin de l'archevêque de Paris,
l'abbé Dupanloup; pour l'État, pour l'Assemblée, — pour tenir, en cas de conflit,
la balance entre les prétentions diverses,
— MM. Thiers, Freslon, de Corcelle, le
pasteur Cuvier, Eugène Janvier, Peupin,
Fresneau, Buchez et Corne. Ces deux derniers, après quelque hésitation, donnèrent
leur démission et ne furent pas remplacés.

On m'a quelquefois reproché de n'avoir
pas appelé dans la Commission, au lieu de
M. Roux-Lavergne, l'un des principaux ré-
dacteurs de l'*Univers,* M. Louis Veuillot
lui-même, comme j'avais appelé M. Laurentie pour l'*Union* et M. de Riancey pour
l'*Ami de la Religion;* l'on a cru que j'aurais
évité par là les attaques opiniâtres dont le

travail de la Commission fut l'objet dans
l'*Univers*. Assurément, je ne prévoyais pas
alors ce que M. Louis Veuillot est devenu
depuis; nous étions même en bonnes relations. Mais je n'avais pu méconnaître les
tendances générales de son caractère et de
son esprit. Après mûre réflexion, j'aimai
mieux l'exposer à la tentation de critiquer
des choses faites sans lui que de l'armer
du droit d'empêcher de les faire.

Ce ne fut pas sans anxiété que j'inaugu-
rai les séances d'une telle Commission
pour une telle œuvre. Mais si j'avais pu
concevoir quelques inquiétudes, je fus
promptement rassuré par l'affectueuse cor-
dialité qui s'établit aussitôt entre des
hommes venus de points si divers et dont
plusieurs se voyaient ou se parlaient pour
la première fois; bientôt même j'entrai
en pleine confiance quand je vis ceux dont

je pouvais redouter l'hostilité ou au moins
la froideur montrer le zèle le plus chaleureux, et quand, d'autre part, je vis ceux
dont on pouvait craindre quelque exagé-
ration ou quelque imprudence donner des
gages immédiats de la modération dans
les vues et dans les paroles. Mon assiduité
forcée au conseil des ministres et à l'Assemblée ne me permettant pas de remplir
régulièrement les devoirs d'un président,
j'invitai la Commission à se constituer
elle-même, et l'union déjà faite dans les
esprits se manifesta par le choix unanime
de M. Thiers pour diriger les débats.

Une de mes principales espérances re-
posait sur l'abbé Dupanloup que je connaissais d'ancienne date et qui venait de
se révéler au public par son beau livre *De
la Pacification religieuse* dont le titre seul
résumait notre commun programme. A

partir de ce jour, l'abbé Dupanloup avait
trouvé sa voie, et, durant trente ans, il
ne la quitta plus. Sa nature, d'ailleurs,
était faite pour traiter avec les hommes
et prendre de l'empire sur eux. Il avait,
au même degré, toutes les véhémences
de la conviction et toutes les délicatesses
de la charité. Quand il s'enflammait, et
l'on peut dire quand il s'emportait, on
sentait que son cœur demeurait sans fiel
et qu'un adversaire même y avait toujours
sa place; quand, au contraire, il faisait
des avances et, dans une certaine mesure,
des concessions, on voyait parfaitement
le point qu'il ne dépasserait jamais, et
l'on sentait qu'il ne faiblirait pas plus
dans le service de la vérité par défaut de dis-
cernement que par défaut d'énergie. L'at-
traction de M. Thiers pour l'abbé Dupanloup et de l'abbé Dupanloup pour M. Thiers

devint aussitôt évidente à tous les yeux.

Notre table de travail avait la forme
d'un long fer à cheval; en qualité de président, M. Thiers était assis au sommet;
l'abbé Dupanloup était allé modestement
prendre place à l'extrémité d'une des
branches du fer à cheval. Quand il parlait, M. Thiers ne se contentait pas d'adhérer de la tête et du geste; je me souviens de l'avoir vu plusieurs fois quitter
sa place, longer le mur derrière ses collègues, entrer dans l'intérieur du fer à
cheval et là, debout en face de l'abbé Dupanloup, recueillir toutes ses paroles avec
l'air de jouissance d'un homme qui se dit :
« Je tiens enfin le vrai! »

Je demeure désintéressé dans le récit,
comme je demeurai désintéressé dans la
discussion, car je m'étais imposé une réserve absolue, et, un jour, interpellé par

M. Thiers en termes très-affectueux, je répondis : « Que la Commission ne s'oc- « cupe pas du ministre qui peut être assis « dans ce fauteuil : il est là pour vous « écouter et s'instruire; il ne doit pas « prendre part au débat. »

Cette attitude m'était d'autant plus facile qu'on tomba immédiatement d'accord sur les deux points essentiels : l'évidence du péril social, l'urgence du remède à lui opposer.

Nul ne surpassa M. Thiers dans l'ardeur à signaler le mal et dans un énergique appel au sentiment religieux, capable seul de combattre et de vaincre une imminente anarchie.

« Il ne nous est pas permis de sommeiller « en des circonstances aussi graves, s'é- « criait-il; Condé seul peut dormir la veille « de Rocroi. »

Peu après, il développait la même pensée.

« Ah! je comprends que quand il fait
« beau, quand l'air est calme et la mer
« tranquille, on sommeille volontiers, sur-
« tout si le capitaine est éprouvé et l'équi-
« page soumis. Mais malheur à qui dort,
« quand la mer est houleuse, la tempête
« déchaînée, car la perte devient immi-
« nente. Nous y sommes, sur cette mer
« agitée, depuis trente ans : imprudents
« que nous sommes! nous avons dormi;
« et voilà que les vents se sont élevés bien
« violents et que nous avons failli sombrer
« dans la tourmente. A l'œuvre donc réso-
« lument! Plus d'illusions, en présence de
« dangers trop réels, car les conséquences
« en sont déjà bien terribles... Hélas! ce
« n'est qu'en échouant que nous nous som-
« mes sauvés du naufrage complet! »

Je garantis l'exactitude de ces citations et des citations suivantes que les procès-verbaux, supérieurement rédigés par MM. Housset et Chevallier, secrétaires, lus et approuvés après chaque séance, ne démentiront pas. J'ajoute même que la publication intégrale de ces procès-verbaux serait un grand service rendu aux discussions analogues qui peuvent se rouvrir d'un moment à l'autre.

M. Cousin, quoique moins convaincu que M. Thiers de l'étendue du mal, n'était pas moins explicite dans l'appel au clergé :

« Je me reporte avec empressement, di-
« sait-il, aux traditions de 1808, alors que
« trois évêques et le directeur de Saint-
« Sulpice figuraient dans le conseil de l'U-
« niversité. J'insiste sur l'autorité reli-
« gieuse ; loin de la craindre, je l'appelle

« de tous mes vœux. Que le clergé et l'U-
« niversité se rapprochent par une grande
« réconciliation, et tous les problèmes de
« l'enseignement primaire seront bien fa-
« ciles à résoudre. »

Les membres les plus catholiques de la
Commission jouaient, pour ainsi dire, le
rôle de modérateurs. M. de Montalembert
en appelait plus que jamais à la liberté de
la concurrence. M. de Riancey ajoutait :

« La protection ne vaudra jamais la
« liberté. La Restauration avait voulu créer
« des comités monarchiques et religieux,
« et cela n'a servi qu'à exciter les mau-
« vaises passions contre ce qu'on appe-
« lait la direction cléricale de l'enseigne-
« ment. »

M. Laurentie disait à son tour :

« C'est bien plutôt un rôle négatif qu'il
« convient de donner à l'État, en matière
« d'enseignement, qu'une mission active ;
« il faut bien surtout, et cela dans son pro-
« pre intérêt, que l'État se garde d'imposer
« aucune doctrine. Je n'en veux citer d'au-
« tre preuve que celle du gouvernement de
« la Restauration qui n'a perdu tant de sa
« force dans l'esprit général que parce
« qu'on estimait qu'il imposait certaines
« doctrines, notamment dans l'enseigne-
« ment. Aussi, était-ce avec grande raison
« qu'un ecclésiastique à qui M. l'évêque
« d'Hermopolis demandait ce qu'il pouvait
« faire d'utile pour un établissement qu'il
« dirigeait, lui répondit : « *La plus grande*
« *grâce que je vous demande, c'est de ne*
« *plus nous protéger.* » M. l'évêque d'Hermopolis, dont la raison était si droite,
comprit la justesse de cette réponse.

4

Quand on en vint à discuter la gratuité
de l'enseignement, M. Cousin ne tarit pas
en magnifiques éloges sur les généreuses
fondations du passé :

« Jésus-Christ a dit : *Pauperes evangeli-*
« *zantur :* c'est là même la plus grande
« œuvre qu'ait accompli l'Église. »

M. DE MONTALEMBERT. — « Et elle n'y a
« pas failli ; toutes ses écoles ont toujours
« été gratuites ; cette grande institution
« conservatrice, la plus grande de toutes,
« n'a jamais reculé devant ce devoir de
« l'instruction gratuite. »

M. L'ABBÉ DUPANLOUP. — « Et elle n'y
« faillira pas plus dans l'avenir qu'elle n'y
« a failli jusqu'ici. »

M. COUSIN. — « Oui, M. l'abbé, et c'est

« pour cela que l'Église sera toujours
« bénie. »

M. Thiers répéta à plusieurs reprises :

« Il ne faut pas que les instituteurs soient
« partout des *anti-curés*. »

« Nos montagnards de l'Assemblée,
« ajoutait-il, affectent souvent le plus pro-
« fond respect à l'égard des choses reli-
« gieuses, et voilà pourquoi je les regarde
« comme beaucoup plus dangereux que les
« montagnards d'autrefois qui, eux au
« moins, avaient la franchise de leurs hai-
« nes. »

Enfin, la Commission tout entière applau-
dit à ces nobles paroles d'un de ses membres, M. Michel, paroles qui furent repro-
duites dans l'exposé des motifs de la loi :

« Prétendre plier un enfant au joug de la
« discipline et de l'obéissance, créer en lui
« un principe d'énergie qui le fasse résis-
« ter à ses passions, accepter volontaire-
« ment la loi du travail et du devoir, con-
« tracter les habitudes de l'ordre et de la
« régularité, et ne pas demander cette force
« à la religion, c'est tenter une œuvre im-
« possible. »

Quant à l'enseignement obligatoire, il
fut repoussé à la presque unanimité, et l'on
tomba d'accord sur ce point que si on le
rendait universellement gratuit, ce ne serait pas faire que personne ne le payât,
mais faire, au contraire, qu'il fût payé par
tout le monde, c'est-à-dire, par l'impôt.

En même temps, la Commission comprit
parfaitement qu'elle ne pouvait pas détour-
ner les yeux de l'état précaire et souvent

misérable dont souffrait, dans beaucoup de départements, l'enseignement primaire, et qu'un sûr moyen d'améliorer l'institution était d'améliorer le sort de l'instituteur lui-même. L'exposé des motifs fut encore l'écho de la Commission en disant :

« On ne met pas impunément aux prises « l'indigence et l'orgueil. Un gouverne- « ment ne doit tendre de pareils pièges à « personne : l'individu y succombe d'abord ; « la société y périrait bientôt après. Mon- « trons-nous inflexibles envers les torts, « mais après avoir apaisé les souffrances. »

Le traitement fixe de l'instituteur fut augmenté.

Avant de passer à la rédaction du projet de loi, la Commission voulut s'éclairer encore par une enquête, et elle appela devant elle le Frère Philippe, supérieur des Frères des Écoles chrétiennes, et le Père Étienne, supérieur des Lazaristes et des Sœurs de charité, en même temps que MM. Ritt et Rapet, inspecteurs de l'Université.

L'entente fut plus rapide encore sur l'enseignement secondaire. Le mal, tout le monde le reconnaissait, y était moins grand, le remède plus facile, et tout se réduisit, pour ainsi dire, à la question de savoir si l'on donnerait une liberté sincère, ou si, empruntant au dix-huitième siècle quelques exemples qui n'étaient pas les meilleurs, on inaugurerait la liberté en proscrivant les ordres religieux, particulièrement l'ordre des Jésuites. M. Thiers était là-dessus plein d'ombrages, et, tout en se rendant compte de son inconséquence, il ne se sentait pas encore le courage qu'il déploya plus tard à la tribune de l'Assemblée.

Au jour fixé pour la solennelle discussion de ce point capital, la Commission fut au grand complet; la victoire ne fut pas remportée sans combat; le triomphe ne devint définitif qu'après deux émouvants discours de l'abbé Dupanloup.

« Eh! quoi, dit-il, on admet, et j'admets
« certainement pour mon compte, dans la
« loi, toutes les sectes protestantes, avec
« leurs subdivisions; vous laissez pleine
« liberté aux quakers; pourquoi donc, à
« l'égard de l'Église, cette effroyable injure
« de lui refuser certaines congrégations
« qu'elle approuve? Et vous dites, cepen-
« dant, que vous voulez être en paix avec
« l'Église; alors, entendez-vous donc avec
« elle! »

M. Thiers répliqua avec une certaine vi-

vacité, tout en se défendant de partager des
préjugés vulgaires.

« Assurément, dit-il, je ne crains pas
« l'ultramontanisme, comme on a pu le
« craindre autrefois. Je suis même tout
« prêt à lui tendre la main. Mais, cependant,
« il me paraît bien grave de renoncer à ces
« grandes maximes solennellement posées
« par l'Église de France. »

M. Cousin évoquait également le gallica-
nisme, mais, tout en proclamant, comme
M. Thiers, que, depuis la Révolution française, l'ultramontanisme ne présentait plus
aucun danger.

M. Dupanloup répliqua :

« M. Cousin nous a dit, avec un langage
« aussi bienveillant que le sentiment qui
« l'inspirait, qu'il prenait la liberté de faire

« remarquer très-respectueusement à l'É-
« glise que, dans l'intérêt de son action
« religieuse, elle avait peut-être tort de lier
« le sort des Jésuites au sien, par un sen-
« timent d'amour-propre poussé trop loin.
« Je réponds à M. Cousin, — et ici, quoi-
« que je n'aie aucune mission de l'Église,
« je puis, cependant, affirmer que telle est
« sa pensée, — que l'insistance de l'Église
« en faveur des Jésuites n'est pas affaire
» d'amour-propre. L'Église peut assuré-
« ment ne pas tenir les Jésuites pour la
« perfection absolue, mais elle les consi-
« dère comme parfaitement innocents de
« toutes les accusations portées contre eux ;
« c'est sa conviction profonde ; elle n'a ni ne
« peut en avoir d'autre ; et, comme l'Église
« est la justice, elle ne peut, comme Pilate,
« condamner ce qui est juste et se croire
« quitte ensuite en se lavant les mains par-

« ce qu'elle aura, non pas fait, mais laissé
« faire... Je vois l'institut des Jésuites so-
« lennellement approuvé par le concile de
« Trente; depuis, en 1761, dans une assem-
« blée générale du clergé de France, un
« seul évêque sur vingt et un leur est dé-
« favorable; quatre autres se bornent à de-
« mander quelques modifications aux règles
« de l'institut; — et c'était pour obtenir un
« avis défavorable aux Jésuites que le roi
« avait convoqué ces évêques. »

Au lever de cette mémorable séance,
M. Thiers saisit, devant M. de Montalembert et devant moi, le bras de M. Cousin,
en s'écriant : « Cousin! Cousin! avez-vous
bien compris quelle leçon nous avons reçue
là? Il a raison, l'abbé. Oui! nous avons
combattu contre la justice, contre la vertu,
et nous leur devons réparation. »

A partir de ce jour, une vive lumière avait lui dans l'esprit de M. Thiers, et une grande réconciliation allait se faire dans la vérité par la liberté. Une paix féconde était assurée à l'avenir de la France, si la France et l'avenir demeuraient fidèles à la liberté comme à la vérité.

On a eu depuis, malgré d'immenses services, de graves reproches à faire à M. Thiers; il a été quelquefois infidèle aux plus nobles sentiments et aux meilleurs actes de sa carrière. On n'en doit pas moins reconnaître que si sa jeunesse appartient aux entraînements révolutionnaires, et sa vieillesse à des ambitions entachées de personnalité, son âge mûr, c'est-à-dire, la plénitude de son intelligence et de ses forces, appartient franchement au parti conservateur.

Il a eu peur, en 1848, dit-on souvent

avec dédain. Eh bien! quand cela serait
vrai, ne mériterait-il pas encore notre reconnaissance? La peur en troublait bien
d'autres à cette date, et la peur donne
plus souvent de mauvais conseils que de
bons. La peur, encore plus que la per-
versité, a fait la Terreur en 1793, et si
elle ne produisit pas les mêmes crimes
en 1848, elle contribua puissamment aux
folies et aux dangers de cette époque.
L'homme à qui elle conseille l'aveu de ses
torts et l'énergie de la résistance porte d'a-
vance en lui-même quelque chose de supérieur à ceux qui vont grossir le cortège de
l'imbécillité et de la tyrannie; chez un tel
homme, la peur doit s'appeler le patriotisme, la clairvoyance, et dans certains cas,
l'héroïsme. L'histoire contemporaine a peu
de ces exemples; ne les méconnaissons pas,
et si, avec M. Thiers, nous devons finir par

la sévérité, ne commençons pas par l'ingratitude. Rendons justice aux services pour avoir le droit de faire justice des défaillances! Espérons surtout que plus les hommes oublient, plus Dieu se souvient!

. . . .

. . . .

. . . .

L'abbé Dupanloup avait laissé un ineffaçable souvenir dans l'esprit, je dirais même volontiers, dans le cœur de tous ceux qui, durant quatre mois, avaient étudié avec lui toutes les plaies sociales, et, avec le même patriotisme, travaillé à leur guérison. Plusieurs d'entre eux, particulièrement M. Thiers et M. Cousin, me répétaient souvent : « Il faut que cet homme soit évêque! » J'étais loin d'y contredire; mais encore fallait-il qu'il y eût un siège vacant et que ce siège ne l'éloignât pas trop du centre politique et intellectuel de notre pays. Une mort imprévue vint en décider. M. Fayet, évêque d'Orléans, membre de l'Assemblée où il était fort aimé, nous fut enlevé en quelques heures par le choléra. Son successeur, évidemment désigné, était l'abbé Dupanloup; mais j'avais compté sans l'abbé Dupanloup lui-même; il repoussa ma première ouverture avec un accent qui me fit comprendre que je ne triompherais pas facilement d'une telle résistance.

J'appelai aussitôt à mon aide le P. de Ravignan, qui était l'ami à la fois le plus intime et le plus autorisé de l'abbé Dupanloup. Le P. de Ravignan entra vivement dans mes intentions, et, à ma grande surprise, ne fut pas plus heureux que moi.

En même temps, d'autres amis intervenaient en sens contraire, M. Molé notamment, et me déclaraient qu'enlever l'abbé

Dupanloup à Paris était une pensée absolument criminelle ou absolument insensée ;
que personne ne l'y remplacerait, ni pour la
direction des jeunes gens, ni pour la direction des âmes dans toutes les classes et dans
toutes les conditions. Je ne cédai point à
cette ardente obsession ; je fis observer qu'il
y avait aussi des jeunes gens et des âmes en
province ; que l'épiscopat donnait à toutes
les qualités de l'homme, au point de vue social, une autorité, au point de vue religieux,
une vertu que rien ne supplée ; j'insistai sur
la proximité d'Orléans et de Paris ; j'allais
même jusqu'à invoquer le chemin de fer et
toutes les facilités nouvelles qu'il apportait
à la dévotion. J'ajoutais, avec une parfaite
sincérité, que le nouvel évêque ne serait
point rigoureusement tenu à la résidence ;
qu'assurément un évêque devait être nommé
avant tout pour son diocèse, mais que quel-

ques évêques aussi devaient être nommés pour l'épiscopat tout entier, et que, si c'était là une exception, elle serait pleinement justifiée pour l'abbé Dupanloup. Ces arguments triomphèrent de la plupart des amis; ils ne triomphèrent pas de l'abbé Dupanloup lui-même, et le P. de Ravignan vint m'annoncer avec tristesse qu'il fallait définitivement renoncer à notre dessein : j'y renonçai.

Quelques jours après, je recevais le cardinal Giraud, archevêque de Cambrai, revenant de Gaëte où il avait bien voulu se charger, auprès de Pie IX, d'une mission officieuse à laquelle j'attachais, pour mon compte, une grande importance. Après avoir causé longuement avec le cardinal de sa mission et de ses résultats, je lui parlai de l'évêché d'Orléans et je lui demandai quel serait son choix.

« Il n'y en a qu'un, me répondit-il : l'abbé Dupanloup.

— Il m'a impitoyablement refusé.

— Il faut lui envoyer le P. de Ravignan.

— Je n'y ai pas manqué, mais le P. de Ravignan a échoué comme moi. »

Le doux et vénérable cardinal Giraud prit alors une physionomie sévère et me dit : « Je viens de voir de près les malheurs de l'Église ; m'autorisez-vous à en faire le tableau à l'abbé Dupanloup, et à le faire rougir d'un refus qui ne peut pas durer plus longtemps ?

— Je ne vous y autorise pas, Monseigneur ; je vous en supplie. »

Le cardinal allait me quitter pour se rendre chez l'abbé Dupanloup, lorsque je lui dis : « Ne vous contentez pas de quelques paroles respectueusement évasives qui nous laisseraient retomber dans l'embarras ;

5

exigez une parole écrite, et veuillez la laisser entre mes mains avant votre départ. »

On voit jusqu'où je poussais la méfiance ; cette méfiance n'était pas exagérée : le cardinal ne reparut pas chez moi, durant quarante-huit heures. Après ce délai, après plusieurs entretiens où il avait dû évoquer tout ce qui peut toucher et vaincre le cœur d'un prêtre, il me rapporta enfin la lettre suivante :

« Ce vendredi de Pâques.

« Monsieur le ministre,

« Le mot qui vous a décidé me décide.
« *Satius est Dei causâ servitutem subire,*
« *quàm, crucis fugâ, perfrui libertate* [1].

[1] Plutôt sacrifier sa liberté au service de Dieu que la croix à sa liberté.

« C'est donc fini : je vous donne ma triste,
« mais certaine parole : Oui.

« Malgré la douloureuse influence que
« vous aurez eue sur la fin de ma vie, vous
« n'en êtes pas moins très-avant dans mon
« cœur, et vous savez tout ce que Dieu y a
« mis pour vous de tendresse et de respect.

« F. DUPANLOUP. »

Voilà comment devint évêque celui qui
s'appellera, dans l'histoire, l'Évêque d'Orléans.

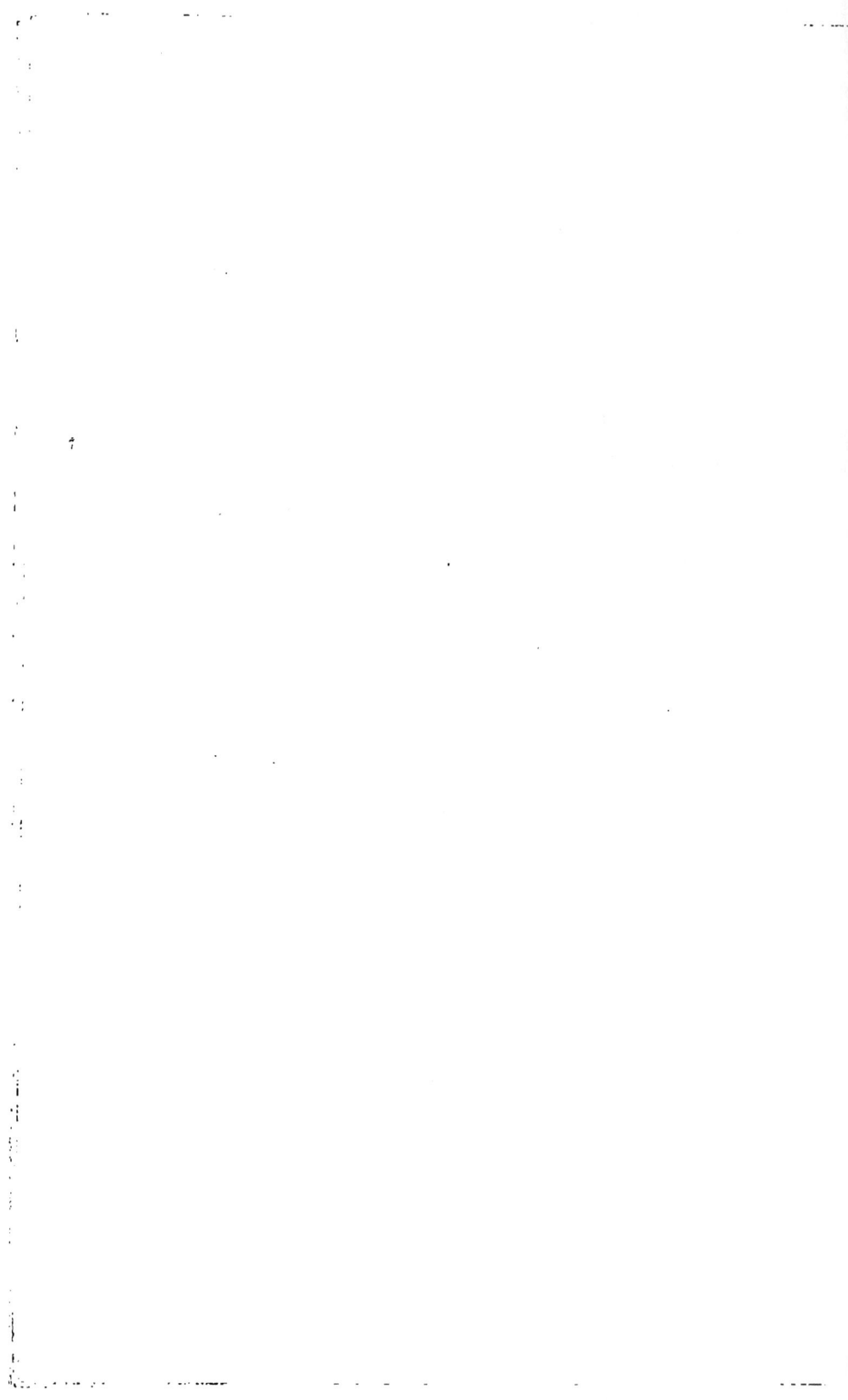

CHAPITRE II

1854-1856

Deux de nos facultés ont reçu, comme le sommeil, le don des songes : l'imagination qui va au-devant de ce qui n'est pas, de ce qui peut-être ne sera jamais; la mémoire qui, plus sûre d'elle-même, fait revivre ce qui n'est plus. Dans mes évocations du passé, peu de souvenirs me sont plus chers que ceux qui sont ramenés, en ce moment, sous ma plume par l'ordre des dates.

Le diocèse d'Orléans accueillit son évêque avec la plus démonstrative sympathie :

l'évêque y répondit avec ce zèle prodigue de lui-même qu'il a conservé jusqu'à son dernier jour. Sa première lettre pastorale fit sensation et fut reproduite dans presque tous les journaux. J'ai sous les yeux, en ce moment, les souvenirs d'un Orléanais, et j'y lis :

« Quelle émotion des âmes à la suite « de son *Octave du Saint-Sacrement,* en « 1850, de ses *Sermons sur l'Enfant prodi-* « *gue,* de son admirable *Discours sur la* « *Croix!* Quelle admiration sans réserve, « au jour de son premier panégyrique de « Jeanne d'Arc! »

Ses soins ardents se portèrent aussi sur le petit séminaire de la Chapelle-Saint-Mesmin pour y entretenir et y développer autant que possible, chez les élèves et chez les maîtres, le goût des études classiques. Dès sa jeunesse, on l'avait compté parmi les hellénistes et les latinistes distingués. Le séminaire de Saint-Sulpice possède, près d'Issy, une maison de campagne, ancienne résidence de Marguerite de Valois, où était conservé un billard que l'on prétendait contemporain d'Henri IV. Du temps de l'abbé Dupanloup, ce n'était plus qu'un invalide possédant d'incontestables droits à la retraite. Une requête en hexamètres latins signée de l'abbé Dupanloup, sollicitant un billard plus jeune, fut présentée au ministre des cultes, l'évêque d'Hermopolis, par l'abbé Dupuch, depuis évêque d'Alger. M. Frayssinous, lui-même grand amateur de billard, l'accueillit très-gracieusement et peu après, vint inaugurer en personne un billard neuf à Issy, en admettant à sa partie le jeune poète latin et l'élite du séminaire.

L'évêque d'Orléans ne voulut point que

les élèves de la Chapelle s'en tinssent aux
hexamètres, et vaillamment secondé par
d'éminents collaborateurs, il obtint un résultat digne de nos anciennes Universités :
Euripide et Sophocle furent représentés dans
la grande salle de l'évêché avec un tel succès
qu'il retentit au loin. De toutes parts, même
à l'Académie française et à l'Institut, on sol-
licita des invitations. *Electre*, *OEdipe*, *Philoctète*, *les Perses*, furent joués une ou plusieurs fois devant un public d'année en
année plus charmé. La délicate sévérité de
M. Villemain qui, lui-même, au collège
avait rempli le rôle d'Ulysse dans *Philoctète*,
la raillerie goguenarde de M. Saint-Marc
Girardin, la froideur impartiale de M. Patin
se trouvèrent d'accord avec le facile en-
thousiasme de M. Cousin; et la plume si
compétente de M. Charles Lenormant ne
dédaigna pas de rendre compte dans la

Revue littéraire d'une de ces brillantes solennités.

Un plus éclatant hommage était réservé à M. Dupanloup. Dès que sa candidature à l'Académie fut posée, elle conquit toutes les adhésions, et la séance de réception fut un véritable triomphe. On était même si pressé de l'élire qu'on ne voulut point attendre une analogie et on l'appela sur le fauteuil de M. Tissot, latiniste distingué, mais ardent révolutionnaire, voltairien endurci, et homme peu considéré. On ne pouvait donner un plus grand témoignage de confiance au tact et aux ressources d'esprit d'un orateur qu'en confiant à un évêque l'éloge d'un tel prédécesseur. A ce point de vue, le discours du récipiendaire fut un chef-d'œuvre fidèle d'un bout à l'autre à ces belles paroles qui soulevèrent un tonnerre d'applaudissements :

« En lisant les ouvrages de mon prédé-
« cesseur, je n'y ai point cherché nos dis-
« sentiments, c'était au moins inutile. Non
« j'ai cherché dans **M.** Tissot ce qui aurait
« pu être notre rapprochement possible,
« s'il m'avait été donné de le rencontrer
« dans ce monde. J'ai fait avec lui ce que
« je fais avec tout homme, avec toute âme
« qu'il plaît à Dieu de placer sur ma route :
« ce que je cherche d'abord, ce n'est pas ce
« qui sépare, c'est ce qui rapproche ; ce
« n'est pas la querelle, c'est l'accord ; ce
« sont les points de départ communs ; puis,
« j'aime alors à marcher de concert à la
« conquête d'un accord plus parfait dans la
« vérité. »

Tout l'ensemble du discours respirait cet
ardent amour de la belle et haute littérature
classique qui prenait place, dans le cœur

de l'évêque d'Orléans, immédiatement après
les devoirs de sa vocation.

« Dans le bienveillant empressement
« avec lequel vous avez daigné m'accueil-
« lir, dit-il, je n'ai vu autre chose que la
« pensée de renouveler l'antique alliance
« de l'Église et des Lettres, de l'Épiscopat
« et de l'Académie française ; heureux d'ê-
« tre l'humble anneau en qui se renoue
« aujourd'hui cette chaîne, que l'on avait
« pu croire un moment interrompue. »

Un peu plus loin, il ajoutait :

« Ce n'est point par une vaine figure de
« langage qu'on dit le sanctuaire des let-
« tres.

« Dans leur expression la plus vulgaire
« et la plus simple, elles renferment encore.

« la puissante harmonie des mots, des
« idées et des choses, c'est-à-dire, la paix
« du monde. *Les troubles sont mauvais*
« *grammairiens*, disait autrefois Montai-
« gne. »

Une bonne fortune de cette séance fut le
choix, fait par le hasard, de M. de Salvandy
pour souhaiter la bienvenue au récipiendaire. Il eut presque coup sur coup à recevoir l'évêque d'Orléans, M. Berryer, M. de
Sacy, et, pour se montrer à la même hauteur dans l'appréciation de trois hommes si
divers, il fallait une rare souplesse de talent : cette tâche ne dépassa point ses
forces. Dans toute sa carrière oratoire, jamais, peut-être, le don d'un langage, toujours élevé, parce qu'il était l'expression
d'un cœur vraiment noble, ne brilla mieux
que dans cette triple mission.

« Oui, dit-il à l'évêque d'Orléans, le
« 9 novembre 1854, en empruntant quelque
« chose du langage même de l'évêque, les
« grandes littératures sont la noblesse in-
« tellectuelle de l'humanité. Vous faites
« remonter leur généalogie à Dieu même.
« C'est, en effet, quand l'homme sent et
« pense, qu'on voit clairement que Dieu le
« fit à son image. Vous n'aviez garde de
« l'oublier, Monsieur, et, comme les gran-
« des choses s'enchaînent, vous avez trouvé
« pour le dire un langage au niveau de vos
« pensées. On sentait, en vous écoutant,
« d'où descendait votre parole et où elle
« remontait. »

Poussant plus loin sa profession de foi,
M. de Salvandy poursuivait :

« Il faut le dire aux préjugés qui ont

« été si funestes et qui luttent encore :
« quelque chose manque dans une société
« civilisée, partout où la religion est
« absente. L'homme est incomplet et mu-
« tilé, quand ce sentiment, ce principe,
« cette clarté sont étouffés ou sommeillent
« en lui. L'esprit humain, loin de s'élever
« plus haut, on l'a trop vu, se corrompt et
« s'abaisse, quand il abjure cette salutaire
« assistance. La patrie n'a ni toutes ses
« forces, ni toutes ses lumières, ni toutes
« ses grandeurs, quand il lui arrive, par
« peur ou passion, de ne pas se faire hon-
« neur de cette grande hiérarchie que l'his-
« toire appelle l'Église de France, et qui a
« été une part si considérable de sa puis-
« sance et de son génie. Ceux qui appuient
« de l'intérêt des libertés humaines ces
« aveugles répudiations, n'ont qu'à regar-
« der autour d'eux. Les grands exemples

« du monde, par tout ce qui a péri, par
« tout ce qui a vécu, attestent qu'il faut
« les fortes institutions religieuses aux
« fortes institutions civiles, quand on les
« veut durables. »

Rendant hommage à la fermeté et à la
persévérance de l'évêque, M. de Salvandy
lui disait :

« Ministre des espérances éternelles, vous
« ne connaissez pas le découragement des
« âmes disproportionnées à leur tâche, les
« impatiences des caractères médiocres, et
« des esprits courts. »

Traçant ainsi le portrait en pied de
M. Dupanloup, M. de Salvandy ne pouvait
oublier un de ses traits les plus caractéris-
tiques : la vocation de l'enseignement :

« C'est un second apostolat qui a tenu
« tant de place dans votre vie qu'il aurait
« suffi à la remplir tout entière. Vous avez
« été, pendant plus de vingt-cinq années,
« un corps enseignant à vous seul. »

Il n'avait garde d'oublier son patriotisme :

« Je ne sais pas, disait-il, de pages plus
« saisissantes, dans un livre qui en est
« rempli [1], que celles où vous voulez que la
« jeunesse française soit élevée pour la
« France. »

Enfin, saluant le courage de l'évêque, —
ce qu'il appelait « sa nature intrépide, ses
« indignations saintes, ses défis héroïques

[1] *Traité de l'Éducation.*

« contre les passions de la nouvelle barba-
« rie, » — il lui empruntait cette page magnifique :

« Nous avons vu tout à coup, après la
« tempête sociale, éclore et surgir, parmi
« nous, une génération singulière d'hom-
« mes nouveaux qui couvre aujourd'hui le
« sol. Il n'y a rien de sacré pour eux. Tout
« ce qui est souvenir, grandeur du passé,
« monuments, lois, coutumes des ancêtres,
« noble antiquité, tout cela leur est odieux
« et blesse leur vue. Hommes du moment,
« nés d'un orage, tout ce qui est de la veille
« leur déplaît. Un prophète les a dépeints :
« génération ingrate qui maudit son père
« et ne bénit pas sa mère! Ils méprisent
« toute puissance; ils blasphèment toute
« majesté. Le prince des Apôtres nous a dit
« une parole d'une vérité profonde : — La

« liberté n'est pour eux qu'un voile de leur
« malice. — Et ce qu'il y a de plus déplora-
« ble, c'est qu'on leur résiste mal. Le vent
« des révolutions se lève, c'est comme au
« désert : tout est faible, tout est seul, tout
« est sable, tout est poussière. »

Le 22 février 1855, vint la réception de
M. Berryer. et M. de Salvandy entrait bien
avant dans son cœur, en évoquant le souvenir de son père pour lequel il avait eu, pour
lequel il garda toujours un culte passionné.

« Votre père, disait M. de Salvandy,
« fut retenu par son esprit d'indépen-
« dance loin des emplois publics, dans
« le libre exercice d'une profession qui
« ne fait pas de victimes, et qui les dé-
« fend. Il s'y rendit considérable par
« quatre-vingts ans de talent et de ver-

« tus. Un seul bien et une seule gloire
« auraient pu manquer à sa vie : la Provi-
« dence les lui donna. Il vécut assez pour
« se voir surpassé par son fils ! »

   « Je ferai comme mon père, dites-vous dès
« votre jeunesse. Vous avez tenu parole,
« Monsieur. Depuis lors, quarante ans se
« sont écoulés ; bien des gouvernements
« ont passé sur la France : vous avez été
« mêlé toujours aux affaires publiques, et
« quand, au milieu de cette solennité, votre
« pays vous contemple, seul peut-être dans
« cette enceinte, vous ne portez d'autre dis-
« tinction, d'autre marque de vos travaux,
« que la palme académique qui vous vient
« de nous, et le rayon qui vous vient de
« Dieu ! »

.   .   .   .
.   .   .   .
.   .   .   .

L'ambition de me présenter à l'Académie ne s'était jamais offerte spontanément à ma pensée; mais lorsque le duc de Noailles, M. de Montalembert, l'évêque d'Orléans, M. Berryer me tendirent la main, je dois avouer que je ne résistai pas à cette tentation. L'abbé de Rohan, ami de Lamartine et de Montalembert [1], mort cardinal-archevêque de Besançon, disait, dans l'intimité : « L'épiscopat m'effraierait, mais je ne me « crois pas interdit de souhaiter le cardina- « lat, qui n'implique pas nécessairement « charge d'âmes. »

Toutes proportions gardées, j'éprouvais un sentiment analogue. Malgré mon goût pour les luttes parlementaires, j'avais tou-

---

[1] Voir, dans le premier volume des *Méditations* de M. de Lamartine : *La Semaine Sainte à la Roche-Guyon*. — *Lettres à un Ami de collège*, par le comte de Montalembert.

jours été effrayé des responsabilités qui s'y attachent. Mais je ne me défendais point du prestige que garde l'Académie, sorte de cardinalat littéraire, et la seule institution, en France, qui, depuis plus de deux siècles, mette son honneur dans sa fidélité à ses traditions. Au point de vue des personnes, l'Académie me présentait aussi un vif attrait; j'allais y retrouver mes compagnons et mes maîtres; je pourrais, à mon tour, contribuer au succès d'amis qui m'étaient chers : le P. Lacordaire, le P. Gratry.

Enfin, il n'est pas jusqu'à ma santé qui, devenue incompatible avec les tumultes de la vie politique, n'avait aucune objection contre les paisibles séances du palais Mazarin. Quelle consolation pour un homme condamné à la retraite, de retrouver là, quelquefois encore, les trois incomparables causeurs de mon temps: M. Thiers, M. Cousin, M. de Montalembert. M. Thiers toujours fin, ingénieux, naturel; M. Cousin plus spontanément éloquent, plus grandiose dans la pensée et dans l'expression; M. de Montalembert d'une verve égale, mais plus variée, incontestablement plus versé dans les langues et les littératures de l'Europe; les deux premiers difficiles à interrompre, mais tous trois ayant l'art de laisser leurs interlocuteurs toujours charmés de les avoir entendus, et assez satisfaits d'eux-mêmes. J'allais jouir du grand goût littéraire de M. Villemain, des derniers éclairs de la haute éloquence de M. Guizot qui, politiquement désœuvré, se montrait fort assidu à l'Académie, prenait part à ses moindres débats, et aimait à y exercer l'esprit de domination dont il ne pouvait se départir.

M. Guizot adopta chaleureusement ma candidature. Un de ses amis lui disait :

« Lisez l'*Histoire de saint Pie V,* et vous verrez si un protestant peut voter pour M. de Falloux.

— Comme je suis résolu à voter pour lui, je ne lirai point ses livres, » répondit M. Guizot ; et il tint cette double parole.

Son appui déclaré aurait suffi pour m'aliéner M. Thiers qui, en outre, sentit revivre en lui les dissentiments qui nous avaient séparés en 1851, dans la discussion de la révision de la Constitution. Je fus, cependant, élu le 10 avril 1856, en remplacement du comte Molé ; mais jusqu'au matin même, on crut que M. de Rémusat me refuserait son vote, et il ne l'accorda, au dernier moment, que de très-mauvaise grâce. M. Thiers ne parut pas à la séance, toutefois, il ne me déclarait pas la guerre, et M. Mignet avait été l'un des patrons les plus bienveillants de ma candidature.

Tant de preuves de la sympathie constante, témoignée par l'opinion publique à la cause religieuse et à quelques-uns de ses défenseurs, n'empêchaient pas une inquiétude assez vive de se faire jour dans les esprits clairvoyants.

Une certaine école embrassant avec l'ardeur habituelle aux néophytes l'apologie de l'absolutisme politique, travaillait à entraîner tous les catholiques dans les solidarités les plus irréfléchies; beaucoup d'entre eux refusaient de suivre cette ligne nouvelle et, pour répondre à leurs vœux, l'évêque d'Orléans, M. de Montalembert, le prince de Broglie et moi, nous songeâmes à créer un organe qui s'opposât résolument à de si périlleuses tendances. Mais le gouvernement supprimait plus volontiers les journaux qu'il n'en laissait fonder, et nous étions particulièrement tenus dans une disgrâce méritée.

En présence d'une difficulté insurmontable, nous nous adressâmes au *Correspondant*, revue périodique fondée sous la Restauration, et qui avait prolongé une existence tantôt plus pâle, tantôt plus brillante, mais toujours dévouée à l'alliance de la foi et de la liberté, dans les limites d'une sévère orthodoxie. Le traité fut conclu le 25 avril 1853, grâce au dévouement désintéressé de M. Charles Lenormant qui continuait à nous prêter le puissant concours de sa collaboration.

Après un premier programme tracé par M. Lenormant lui-même, le prince de Broglie précisa la pensée et le but de notre entreprise ; puis, résumant d'une manière saisissante les fautes commises et leurs inévitables conséquences, il conclut en ces termes prophétiques :

« Ainsi s'éclaircissent nos rangs, ainsi
« se grossissent ceux de nos adversaires ;
« ainsi s'arrête et se détourne le fleuve
« qui coulait vers nous ; ainsi se prépare
« contre la religion une des réactions les
« plus redoutables qu'elle ait encore eu à
« affronter. Car, cette fois, ce ne seront
« plus seulement les mauvaises passions
« et les préjugés, ses adversaires naturels,
« qu'elle aura à combattre. On se sera ar-
« rangé de manière à mettre contre elle
« des idées justes et des sentiments nobles ;
« on aura réuni contre l'Église, dans une
« formidable coalition, non-seulement le
« sophisme des esprits faux, mais le rai-
« sonnement des esprits sensés ; non-seu-

« lement l'orgueil des ambitieux, mais la
« dignité des gens de bien [1]. »

Bientôt après, M. de Montalembert lança
sa vigoureuse protestation intitulée : *Des
Intérêts catholiques au dix-neuvième siècle.*
M. de Broglie et M. de Montalembert me
pressaient, en même temps, de parler à
mon tour. Je ne demandais pas mieux, car
personne n'avait plus d'aversion que moi
pour des palinodies si brusques et, à mon
sens, peu honorables. Je me mis donc à
l'œuvre, mais à la condition de ne rien publier tant que ma candidature à l'Académie
serait posée. J'aurais pu, par une publication immédiate, conquérir quelques suffra-
ges; mais je ne voulais, à aucun prix,
donner l'apparence d'une concession ou

[1] *Correspondant* du 25 janvier 1856.

d'une brigue à l'expression de mes sentiments les plus réfléchis et les plus enraci-
nés. Ma conscience seule voulut choisir
l'heure, et mon travail ne parut qu'après
ma nomination, sous ce titre : *Le Parti catholique : — ce qu'il a été ; — ce qu'il est
devenu* [1].

J'achevais à peine ce travail lorsque
M. Berryer vint, avec une physionomie
radieuse, m'annoncer que l'évêque d'Orléans, en tournée pastorale, se proposait
un repos de quelques jours à Augerville.
M. de Montalembert, M. de Salvandy et
moi étions les premiers invités à une telle
fête ; nous acceptâmes avec joie. Ce projet
vint à la connaissance de M. Thiers.

« Pourquoi Berryer ne m'invite-t-il pas?

---

[1] *Correspondant* du 25 avril 1856.

dit-il à M. de Montalembert. Je serais aussi heureux que vous de voir dans l'intimité l'évêque d'Orléans. Je ne serais pas fâché non plus de retrouver Berryer à la campagne ; on dit qu'il est curieux à voir dans son cher Augerville. »

M. de Montalembert ne manqua pas de répéter ces propos à M. Berryer qui courut chez M. Thiers, et le pressa de se joindre à nous, ainsi que M. Mignet et M. Vitet. M. Berryer qui était, dans les petits détails de la vie, le plus ponctuel des hommes, nous donna sur les chemins de fer et les loueurs de voitures, les indications les plus précises, — et nous arrivâmes tous ensemble à Augerville par les belles journées du mois de mai.

Au dîner, M. de Salvandy se trouvait en face de M. Thiers ; ils n'avaient jamais siégé sur les mêmes bancs, dans l'ancienne Chambre des députés, et ne s'aimaient ni l'un ni l'autre. Faisant allusion aux restaurations du ministère de l'instruction publique, quand M. de Salvandy l'occupait, M. Thiers l'appelait ordinairement, d'un air narquois, *mon cher magnifique;* à quoi M. de Salvandy, feignant de ne pas prendre ce titre pour une épigramme, répondait d'un air indifférent par quelque éloge de M. Guizot. Cette fois, ce fut mon nom qui servit de flèche. Profitant d'un moment de silence, M. de Salvandy interpella M. Thiers à travers la table :

« Avez-vous lu le dernier numéro du *Correspondant?*

— Pas encore; mais je l'ai apporté ici.

— Lisez-le! Vous verrez comment on dresse un piédestal à qui vous refuse un fauteuil. »

La malice et le mot étaient évidemment

préparés, et M. Thiers comprit aisément que M. de Salvandy n'attendait qu'une riposte pour continuer l'attaque ; aussi s'empressa-t-il de répondre :

« Je le lirai, je le lirai ! ». et il se tourna du côté de l'évêque d'Orléans qui vint volontiers à son aide.

Sauf ce petit commencement d'escarmouche immédiatement apaisé, tout se passa dans la plus cordiale entente. Le lendemain, on donna un premier coup d'œil aux beautés agrestes d'Augerville ; mais, sauf M. Berryer et moi, le plus campagnard de nous tous ne l'était guère, et l'on employa volontiers l'après-midi à visiter le château de Malesherbes.

Son propriétaire, le comte de Chateaubriand, avait été, comme M. Berryer, élève de Juilly, et, comme M. de Grandville, était resté l'ami fidèle de tous les temps.

Neveu de Chateaubriand, héritier de Malesherbes, il se maintenait, par la vertu, à
la hauteur de ces deux grands noms. Malesherbes était un beau lieu, triste et dépouillé
comme l'avait fait la Terreur, où, paysage
et demeure, tout s'accordait dans une mé-
lancolique harmonie. M. de Chateaubriand
y vivait beaucoup, sans songer à le restau-
rer. Sa fortune lui permettait le luxe ; son
inépuisable charité le lui interdisait. Peut-
être aussi pensait-il que des murailles auxquelles sont suspendus de tels portraits de
famille n'ont pas besoin d'autre splendeur.

Flanqué de vieilles tours, entouré de
larges fossés, Augerville, auquel se rattache
le souvenir du prévôt des marchands Lhuil-
lier, qui remit les clefs de Paris à Henri IV,
contenait aussi d'intéressants souvenirs
personnels à M. Berryer. En regard du
chef-d'œuvre donné par les charpentiers à

l'avocat qui avait gagné leur cause, on
voyait un portrait de Charles X, peint par
Gérard, très-beau, quoique inachevé, et
donné à M. Berryer par le roi. M. Thiers le
contempla avec attention, puis se mit à dire :

« Voici une figure qui respire la loyauté
et la bonté. Voyons, Berryer, expliquez-
nous quelle fut la pensée vraie du prince,
au moment de signer les Ordonnances!
Voulait-il sciemment sortir de la Charte,
ou croyait-il sincèrement à la plénitude de
son droit en vertu de l'article 14 ?

— Je vous répondrai en toute franchise
si vous voulez me dire ce que pensait M. le
duc d'Orléans et ce que vous pensiez vous-
même, en faisant la révolution de Juillet.

— Qu'à cela ne tienne ! » répondit M. Thiers
qui se faisait rarement prier pour raconter;
et, s'adossant à la cheminée, les mains
derrière le dos, un peu à la Bonaparte, il

7

traça des trois journées, avec la plus parfaite bonhomie, avec les couleurs et la vie
de la vérité, un tableau que je crois résu-
mer fidèlement ainsi :

« Je vous avouerai tout d'abord que,
en faisant la révolution de Juillet, ni M. le
duc d'Orléans, ni Laffitte, ni aucun de nous
ne savait clairement jusqu'où il serait conduit. M. le duc d'Orléans courtisait volontiers la popularité, mais il y cherchait surtout un paratonnerre contre les fautes du
roi, et une sauvegarde pour sa fortune à
laquelle il tenait en père de famille plutôt
qu'en avare, car, pour avare, il ne l'était
pas réellement, comme on l'en a si souvent
accusé; il n'avait point de grandeur dans
le goût, j'en conviens, mais il aimait la
dépense, à sa façon, et de temps en temps
même, il avait son genre de prodigalité.
Il n'avait que deux pensées arrêtées :

ne pas renverser le roi, ne pas le suivre dans un nouvel exil. Son unique but était de se faire une place à part, sans dévouement absolu et sans complot prémédité. Quand, après les trois journées, on voulut lui mettre la couronne sur la tête, il fallut l'arracher de sa retraite, comme si on avait voulu le conduire *au carcan* (ce furent les propres termes de M. Thiers) et lui démontrer qu'il n'avait plus de choix qu'entre le trône et la proscription. M. Laffitte était un brave homme ingénu, un bourgeois vaniteux qui avait horreur des troubles de la rue, mais qui voulait jouer un rôle; il l'aurait aussi bien accepté de Charles X que de Louis-Philippe, si on le lui eût offert à temps. Casimir Périer rugissait comme un lion, dès qu'on parlait de toucher à la dynastie, et Guizot était trop le disciple de Royer-Collard pour marcher

franchement avec nous. Lafayette seul en
voulait réellement aux Bourbons, mais il
n'avait pas de goût pour le duc d'Orléans,
et il fallut le convertir à notre combinaison
pour qu'il y convertît les autres. Pour moi,
j'étais vraiment le fils de la Révolution et
je n'aimais que ma mère; mais précisément
pour cela, je n'avais pas envie de la compromettre légèrement. Je croyais la Restauration plus forte qu'elle ne l'était ou
qu'elle ne voulut l'être. On n'élevait aucun
doute sur la fidélité de l'armée, et je ne
pouvais imaginer qu'on n'en ferait aucun
usage. Nous nous enhardîmes d'heure en
heure, à mesure que la défense faiblissait,
mais attendant toujours quelque retour
offensif et, pour la plupart, nous y rési-
gnant. Soyez parfaitement assurés que le
duc de Mortemart a très-réellement tenu,
durant quelques heures, les destinées de

la France entre ses mains; s'il avait été plus rapide, plus résolu ou plus habile, il eût fait accepter les abdications; plusieurs chefs de l'opposition les désiraient en secret; tout le monde les eût subies avec plus ou moins de murmure. A Rambouillet, il était encore temps de sauver la monarchie, si le monarque lui-même l'eût tenté. En voyant partir les hordes confuses lancées à la poursuite du roi, nous étions convaincus qu'elles seraient ramenées vers Paris, l'épée dans les reins. Les meneurs de cette expédition songèrent à préserver Paris de plus graves désordres plutôt qu'à vaincre les régiments et la puissante artillerie placés sous les ordres de l'intrépide général Vincent et n'attendant, officiers et soldats, qu'un signe du roi. Nous avons fait la révolution de Juillet parce qu'on nous l'a laissé faire. Si on nous eût rendu la Charte, avec la régence de M. le duc d'Orléans qui nous garantissait l'avenir, nous aurions tenu pour un succès décisif cette combinaison, en dehors de laquelle ne serait resté qu'un groupe fort restreint de mécontents ou d'ennemis. Ceux qui ont dit qu'ils avaient joué la comédie, durant les quinze années de la Restauration, se sont vantés ou plutôt se sont calomniés eux-mêmes. »

Après cette conclusion très-nette et très-vive, comme tout le récit, M. Berryer tint parole à son tour et s'exécuta d'aussi bonne grâce que M. Thiers.

« Je n'ai pas connu, dit-il, de cœur plus aimable et plus loyal que celui du roi Charles X. Il avait les défauts de sa génération et de son éducation, mais il en avait aussi les qualités. Il aimait la France et croyait sincèrement la sauver en préservant, avant tout, le droit et les prérogatives de la

couronne. A coup sûr, ce point de départ
était juste : la suite l'a bien démontré.
Mais les malaises inséparables d'une époque de transition l'effrayèrent outre mesure;
cet effroi était entretenu par des amis moins
sincères que lui-même. Si la gauche eût
mieux accueilli le ministère Martignac, le
roi n'eût point, de son propre mouvement,
abandonné cette voie. Il avait une vieille
affection pour plusieurs membres de ce ca-
binet, notamment pour MM. de la Ferron-
nays et Hyde de Neuville, et il ne s'était
point trouvé en contact avec M. de Martignac sans subir son charme. Le prince de
Polignac, son ami de jeunesse, ne lui paraissait point un grand politique, et, de ce
côté, il le tenait plutôt en méfiance. Ce qui
le rapprocha tout d'un coup de ce funeste
ami, c'est que M. de Polignac et ses auxiliaires aux Tuileries avaient toujours pré-

dit au roi que ses concessions seraient
inutiles, qu'elles ne désarmeraient point
l'opposition et que, tôt ou tard, on serait
contraint d'appeler un ministère exclusive-
ment royaliste pour livrer et gagner la
dernière bataille de la Royauté contre la
Révolution. Au retour du voyage d'Alsace,
le roi était exultant et prodiguait à son
ministère les témoignages de satisfaction.
Mais quand la gauche commit, grâce à la
connivence de l'extrême droite, l'impar-
donnable faute de mettre M. de Martignac
en échec, le roi se ressouvint des prophéties
de M. de Polignac, crut rendre une justice
tardive au coup d'œil politique d'un ami
jusque-là méconnu, et se livra dès lors
sans réserve, non, comme on l'a trop cru,
à son affection personnelle, mais à quelque
chose qui pouvait ressembler à une amende
honorable. Encore fallut-il un an pour

l'amener à grand'peine et à contre-cœur à la signature des Ordonnances. En ce moment même si quelques-uns des membres du ministère Polignac avaient été aussi courageux qu'ils étaient sensés, s'ils n'avaient point obéi à la désastreuse doctrine de la fidélité passive et muette, s'ils avaient offert leur démission au roi au lieu de lui offrir tacitement leurs têtes, la monarchie pouvait encore être sauvée. »

« Quant au prince de Polignac, je ne vous en parlerai qu'avec regret et respect, reprit M. Berryer, après un peu d'hésitation. C'est lui qui m'a ouvert la carrière politique. Il avait un grand culte de sa maison, et, dès l'enfance, une haute opinion de sa destinée. Les Polignac sont originaires d'Auvergne où des proverbes populaires attestent leur grandeur. Au sommet d'une petite montagne, près du Puy, on voit les imposantes

ruines d'un château féodal, bâti, prétend la
tradition, sur les restes d'un temple d'Apol-
lon, et, dans la contrée, l'on a dit longtemps
en patois : « Si le roi venait à manquer,
« qui est-ce qui serait roi? M. de Poli-
« gnac. — Si Dieu venait à manquer, qui
« est-ce qui serait Dieu? M. de Polignac, s'il
« le voulait bien. » Mais cette présomption
native n'était pas le seul danger de l'esprit
du prince de Polignac; oui, vous me con-
damnez à l'avouer, c'était, dans la véritable
acception du mot, un visionnaire; il se
croyait en communication surnaturelle avec
le ciel. »

A ces mots, l'auditoire manifesta sa surprise. Ce détail, que nous avons lu depuis
dans une excellente histoire du ministère
de M. de Martignac [1] n'avait point encore

[1] *Le Ministère de M. Martignac*, par M. E. Daudet,
p. 321.

été divulgué. Depuis, dans une piquante étude sur *Charles X et ses nouveaux historiens*, le comte de Ludre a tracé du destructeur de la Restauration un portrait d'une touche très-fine : « M. de Polignac, dit-il,

« avait de l'esprit, de la droiture, peu d'am-
« bition ; mais la prison avait laissé sur cet
« esprit méditatif sa marque fatale. M. de
« Polignac ne connaissait pas les hommes ;
« il vivait dans le monde des abstractions
« et des théories ; très-impropre à l'action,
« il concevait de vastes plans plus ingé-
« nieux que solides ; en outre, il se croyait
« illuminé. Il cachait, cependant, avec soin
« les faveurs singulières dont il se croyait
« l'objet de la part des puissances célestes ;
« mais on ne saurait nier que cette étrange
« illusion n'ait eu sur sa conduite une cer-
« taine influence. »

« Certaine influence » est trop indul-

gent : l'illuminisme est toujours un grave
danger en politique parce qu'il transporte
l'illusion et l'opiniâtreté dans une sphère
où nulle démonstration ne peut les attein-
dre. C'est ce qu'en pensait M. Berryer qui
ne s'en cacha pas et poursuivit :

« Le prince de Polignac se croyait, de la
meilleure foi du monde, un constitutionnel
anglais; il prétendait sauver l'aristocratie
comme le roi la royauté, non en vue du
despotisme, mais dans l'intérêt d'une liberté
forte et réglée, comme en Angleterre.

« Malheureusement, il ne s'en tenait pas
là : voici comment j'en eus la révélation.
M. Mandaroux-Vertamy, avocat distingué
du barreau de Paris, était compatriote du
prince de Polignac; il prépara, en Auvergne, ma première élection, et, aussitôt
après, me présenta au président du Conseil. J'en reçus l'accueil le plus affectueux.

Le prince de Polignac me parla de mon père, de moi-même, en des termes dont je ne me souviens pas sans émotion, — puis m'offrit le portefeuille de la justice! Je repoussai cette offre, en alléguant ma complète inexpérience politique.

« Il y a des hommes qui n'ont pas besoin « d'expérience, » me répondit-il; — mot tristement frappant dans sa bouche et que malheureusement il ne s'appliquait que trop à lui-même!

« J'essayai de protester, mais il reprit :

« Vous croyez mon entreprise prématu- « rée, téméraire, et vous n'osez pas me le « dire. Eh bien! j'aurai plus de confiance en « vous que vous n'en avez en moi. Oui, « peut-être n'aurais-je pas assez de forces « pour mener tout à bonne fin, si j'étais « seul. Mais je vais vous révéler ce que je

« n'ai fait connaître qu'à un bien petit nom-
« bre d'amis. Dieu m'assiste chaque jour
« par des communications sur l'origine des-
« quelles je ne puis me tromper. »

« A ces mots, nous dit M. Berryer, je de-
vins sans doute d'une pâleur livide, car une
véritable épouvante me saisit. Je vis tout
d'un coup devant moi la ruine de la monarchie et l'ère des révolutions indéfiniment
rouverte. Je balbutiai quelques excuses en
termes incohérents, et je me retirai préci-
pitamment. Une cause à plaider m'appelait
en province ; mes devoirs envers la Chambre allaient m'y faire renoncer; je changeai
aussitôt de résolution, j'envoyai chercher
des chevaux de poste, et je quittai Paris,
l'âme pleine d'angoisses et de pressenti-
ments sinistres. »

La conversation, avec ce haut degré d'intérêt, se prolongea assez avant dans la nuit. Sauf l'évêque d'Orléans, que je n'ai jamais vu une fois dans ma vie, et pas même cette fois-là, quoique ce fût pour lui un grand sacrifice, se retirer d'un salon plus tard que dix heures, tout le monde écouta jusqu'au bout ces récits où chacun retrouvait soit sa propre histoire, soit celle des idées et des personnes qui lui étaient chères.

Le lendemain, nous venions d'entrer, M. de Montalembert et moi, dans la chambre de l'évêque d'Orléans, pour lui rendre compte des entretiens de la soirée, et nous occuper aussi du *Correspondant* auquel l'évêque était fort étroitement associé, lorsque nous entendîmes frapper à la porte : M. Thiers entra. Cette visite imprévue nous contraria d'abord, mais le dédommagement ne se fit pas attendre. M. Thiers, s'apercevant bien qu'il nous dérangeait, s'excusa

gracieusement en disant qu'il était impa-
tient de me remercier des pages du *Corres-*
pondant. A mon tour, je lui témoignai de
nouveau ma reconnaissance, et nous ne
songeâmes plus, tous les trois, qu'à le re-
tenir. La conversation devint bien vite ce
qu'elle devenait si aisément avec lui.

M. Thiers était, en ce genre, le plus beau
joueur qu'on pût souhaiter; jamais il ne
s'attardait aux petits côtés d'une question,
et il fallait toujours épuiser celle qu'on
avait entamée. L'évêque d'Orléans ayant,
par l'expression de ses regrets, remis la
conversation de la veille sur le tapis, nous
rentrâmes en plein dans le sujet. « Voulez-
vous me permettre, dis-je à M. Thiers, de
vous confier un sentiment qui me poursuit
sans relâche, depuis hier? Vous nous avez
démontré, vous et M. Berryer, que la révolution de Juillet avait été un terrible ma-

lentendu; M. Berryer, que Charles X
n'avait pas voulu sciemment porter la main
sur les libertés publiques; vous, que M. le
duc d'Orléans s'était résigné à la couronne
plus qu'il ne l'avait souhaitée. Eh bien! la
France doit-elle demeurer à jamais la vic-
time de telles méprises? Les vieillards que
leur âge surtout séparait de la France mo-
derne n'existent plus; les hommes jeunes
et impatients que l'inexpérience a entraînés
jadis au delà du but, sont arrivés, comme
vous, à la maturité politique; la France n'y
doit-elle rien gagner? Ne lui direz-vous pas,
à elle, hautement, publiquement, utilement, ce que vous nous avez dit hier à
huis-clos? Votre patriotisme peut-il se con-
tenter de stériles confidences? »

M. Thiers me répondant, moi répliquant,
l'évêque d'Orléans et M. de Montalembert
se mirent aussi de la partie; je crois pou-

8

voir affirmer que jamais hommes ne par-
lèrent plus consciencieusement, plus chaleureusement à un autre homme. Je me
souviens distinctement que j'allai jusqu'à
m'écrier : « Ne craignez-vous pas qu'un
jour votre pays puisse écrire sur votre
tombe : « M. Thiers, qui a vu clairement
« tous les maux, n'a voulu en réparer au-
« cun? » — «Non! non! répondit vivement
M. Thiers, avec un accent de profonde résolution : mon pays ne fera jamais appel en
vain à mon amour pour lui. Viennent les
évènements que vous souhaitez et que je
souhaite avec vous plus que vous ne le croyez
peut-être : je ne reculerai ni devant les véri-
tés, ni même devant les aveux. Je suis monar-
chiste autrement que vous, à certains égards,
mais autant que vous ; je suis convaincu de
la supériorité du système monarchique ; je
suis convaincu surtout que le tempérament

français et le système républicain sont in-
compatibles. Quand il ne s'agira plus que
de nous entendre sur les nuances, vous me
verrez faire pour la monarchie ce que vous
m'avez vu faire pour la religion avec vous,
avec mon vénérable ami l'évêque d'Orléans... »

Et, en prononçant ces mots, M. Thiers
se levait pour venir serrer les mains de
M. Dupanloup qui fondait en larmes.

J'affirme que, en ce moment, M. Thiers
était sincère; les preuves en sont nombreu-
ses. J'affirme que sa conviction et son langage n'ont pas varié, jusqu'à la terrible
année 1871 : à cette date, un visible changement s'opéra dans son esprit. Quelles
tentations lui vinrent du dehors? Quelles
tentations trouva-t-il en lui-même? Ce n'est
pas ici le lieu de l'examiner.

Le lendemain, chacun de nous quitta

Augerville, admirant plus que jamais notre hôte qui gagnait tant à être vu de près, en parfait rapprochement les uns des autres, avec des liens ou renouvelés ou resserrés, et qui demeurèrent tels, pendant toute la durée de l'Empire.

Pour mon compte, je n'étais jamais qu'accidentellement hors de ma retraite, et j'y rentrai, comme d'habitude. Mais quelle ne fut pas ma surprise lorsque, au bout de quelques semaines, je vis le voyage d'Augerville tomber dans le domaine de la polémique, sous ce titre : *L'intrigue d'Augerville !* Voici comment s'opéra cette bizarre transformation.

Un journal légitimiste avec lequel je n'avais aucun rapport ni direct, ni indirect, se publiait à Orléans ; quelques incidents locaux amenèrent son rédacteur en chef à traiter la question du drapeau. Aussitôt vive irritation dans l'extrême droite. — Qui peut inspirer une telle audace? — L'évêque d'Orléans évidemment! — Mais pourquoi choisir ce jour et cette heure?

La réponse à cette question fut bientôt trouvée : « Augerville offrait naguère l'hospitalité à M. Thiers et à M. de Falloux, sous prétexte de fêter la présence de l'évêque. Les apparences étaient inoffensives, mais dissimulaient un complot : le but réel était de vaincre l'opposition de M. Thiers à l'entrée de M. de Falloux à l'Académie. La résistance était tenace; pour en triompher, il fallait un grand holocauste. M. Dupanloup et M. de Falloux n'hésitèrent point : ils s'engagèrent à faire campagne en l'honneur du drapeau tricolore; M. Thiers promit son vote; la feuille orléanaise vient d'acquitter la dette contractée envers lui. »

Manzoni dit d'un personnage des *Fiancés :*

« Son discours n'avait pas de sens, et même
« n'avait pas l'air d'en avoir. » *L'intrigue
d'Augerville* était dans le même cas. A Augerville, je n'avais plus rien à demander à
M. Thiers qui n'avait plus rien à me donner : j'étais élu à l'Académie depuis trois
semaines. Et, à part l'écrasant témoignage
des dates, quel homme d'esprit aurait pu se
payer d'une aussi singulière monnaie qu'un
engagement pris par moi dans une question
absolument hors de ma portée? Enfin, tous
les hommes politiques savaient comment
cette question avait été abordée et traitée,
presque au lendemain du 24 février. On dit:
l'esprit de parti; on devrait dire la bêtise de
parti. Cette bêtise explique seule de si
aveugles crédulités.

L'intrigue d'Augerville eut du retentisse-
ment; on y joignit bientôt, pour fortifier
et prolonger l'incident, d'autres absurdités

du même genre. Ce fut alors qu'on inventa le mot *cocardier* qui fit et garda une certaine fortune ; il a cours encore dans quelques journaux qui ne se dessaisissent pas aisément d'une calomnie.

Je me contentai d'un bref démenti, et je rentrai dans une indifférence qu'on peut croire sincère, puisque j'ai attendu vingt ans pour me défendre.

Cependant, je fus affligé de voir quelques écrivains légitimistes et quelques écrivains religieux descendre jusque-là. Je me demandai surtout quelle impression allaient recevoir les hôtes d'Augerville ? Quel commentaire d'une réunion où l'on ne s'était occupé, où l'on ne s'était ému que des intérêts les plus élevés ! Quel encouragement pour des alliés si bien disposés à devenir des amis ! Jusqu'où pourrait remonter leur irritation ? J'affirme que ce fut là mon prin-

cipal souci; c'est le même sentiment qui,
après tant d'années et d'évènements écoulés, m'inspire la même tristesse. Être injuste
et ingrat, dans la vie privée, est un tort qui
ne blesse que soi-même ; mais être injuste
et ingrat dans la vie publique, c'est compromettre sa cause, c'est provoquer à plaisir de légitimes indignations. Ceux qui se
passaient alors et qui se passent encore
aujourd'hui de si coupables fantaisies n'en
calculent-ils donc pas les déplorables conséquences ?

L'évêque d'Orléans n'accorda à cette in-
dignité que le sourire triste qu'il donnait
habituellement aux choses de ce genre. Depuis 1850, il avait fait l'apprentissage de
l'injustice et de l'injure ; mais ses intrépides labeurs et son invincible dévouement
n'avaient jamais cherché d'autre témoignage que celui de la conscience. Il avait,

en outre, à cette époque, l'œil déjà fixé sur
de bien graves intérêts : de bonne heure, il
démêla les périls qui allaient fondre sur le
Saint-Siège ; il les signala à la vigilance de
l'épiscopat, et l'on peut dire que, pour la
défense de la papauté, personne ne se leva
plus matin que lui.

Dans sa dernière parole publique, qui fut
un dernier appel en faveur du denier de
Saint-Pierre, l'évêque d'Orléans a dit de
lui-même : « Je n'ai pas le goût de la rési-
gnation tranquille dans l'impuissance. » Il
avait le droit de parler ainsi. On ne peut se
figurer, si on ne l'a vu de près, ce qu'était
son existence. Son repos eût été encore la
fatigue de quatre personnes robustes, et je
l'ai entendu comparer, en riant, à ces chevaux japonais qui se délassent du trot en
galopant. Développer ou fonder les œuvres
de charité dans son diocèse ; former ses prê-

tres à la science et à la vertu; répondre à
des consciences qui l'interrogeaient non-
seulement en France, mais dans toute l'Europe; souvent partir au lieu d'écrire; revoir
presque chaque année, Rome et l'Italie;
chaque année aller faire une retraite à Einsiedeln; visiter souvent les évêques d'Allemagne et de Belgique; prendre part au congrès de Malines, soutenir d'incessantes con-
troverses, il suffisait à tout! Son ascendant
sur les âmes avait le don de l'ubiquité.

Son zèle ne pouvait manquer de s'élever
aussi contre les tendances antichrétiennes
de quelques philosophes contemporains;
c'est à la philosophie même qu'il voulait
emprunter des armes pour les combattre.
Vaillamment, persévéramment appuyé par
l'abbé Maret, aujourd'hui évêque de Su-
ra, il pressait M. Cousin d'éclairer ou de
désavouer des disciples qui affectaient de se

placer sous son patronage. M. Cousin ne niait ni le péril ni le devoir ; il répétait souvent, avec sa véhémence éloquente :

« On verra ! on verra ce que deviendra la philosophie quand j'aurai disparu ! Je sais à fond ce qui se prépare contre le christianisme et même contre le spiritualisme : ce sera hideux et terrible ! Vous me demandez de lutter ? Croyez-vous donc que je ne lutte pas de toutes mes forces ? Mais le flot monte, et Dieu seul sait où il s'arrêtera. »

Se promenant un jour dans la cour de l'Institut avec un savant professeur de philosophie, M. Cousin vit passer un jeune prêtre ; s'arrêtant tout à coup, il le suivit des yeux et s'écria :

« Nous avons, toute notre vie, professé la philosophie et tâché de démontrer qu'il y a une âme ; pendant ce temps, que fait ce jeune prêtre et où va-t-il ? Il va combat-

tre le vice dans l'âme d'un méchant, la
tentation dans l'âme d'une jeune fille, le
désespoir dans l'âme d'un malheureux...
et nous voudrions jeter ces gens-là à
l'eau? Il vaudrait mieux qu'on nous y pré-
cipitât nous-mêmes avec une pierre au cou.
Ayons l'honnêteté de reconnaître ce qu'ils
font pour les âmes, pendant que nous ten-
tons de reconnaître l'existence de l'âme! »

A côté de telles paroles, il fallait des
actes. M. Cousin le sentait, mais son irré-
solution était visible et s'abritait tantôt sous
un prétexte, tantôt sous un autre. Vaincu
par les vives instances de l'abbé Maret et
de l'évêque d'Orléans, le philosophe prenait enfin l'engagement de se conformer,
pour la correction de ses livres de philosophie, « aux conseils d'ecclésiastiques éclai-
rés et autorisés », et il se mit, en effet, en
relations avec un savant théologien de la

Compagnie de Jésus, le **P. Perrone**; puis, il remit à l'archevêque de Paris, Mgr Sibour, une lettre pour le pape Pie IX, dont il m'envoyait la copie écrite de sa main, avec ce billet :

« Mon cher confrère et ami, voici la let-
« tre. Faites-en l'usage que vous jugerez
« le meilleur. Vous connaissez tous mes
« sentiments.

« V. COUSIN.

« 30 avril, 1856. »

Dans la lettre au Saint-Père, M. Cousin disait :

« M. l'archevêque de Paris a bien voulu
« me communiquer une lettre de Votre
« Sainteté remplie de tant de bonté et si
« digne du cœur paternel de Pie IX, que
« je cède au besoin de vous en exprimer ma

« sincère et profonde reconnaissance. Oui,
« Très-Saint-Père, on vous a dit vrai : loin
« de nourrir aucun mauvais dessein contre
« la religion chrétienne, j'ai pour elle les
« sentiments de la plus tendre vénération ;
« j'aurais horreur de lui porter directe-
« ment ou indirectement la moindre at-
« teinte, et c'est dans le triomphe et la
« propagation du christianisme que je place
« toutes mes espérances pour l'avenir de
« l'humanité [1] ».

[1] J'ai donné à la bibliothèque d'Angers, la copie auto-
graphe de la lettre de M. Cousin au Pape et le billet
qui l'accompagnait.

CHAPITRE III

1871-1878.

Un étonnement qui se renouvelle souvent pour moi, depuis quelques années, c'est de voir des écrivains, des orateurs politiques et religieux s'imaginer, de la meilleure foi du monde, qu'ils ont inventé le courage, et que, avant eux, personne n'avait eu, dans nos rangs, ni la franchise d'une résistance, ni la hardiesse d'une profession de foi. Dans le nouveau jargon qu'on essaie de mettre à la mode, les *timides* viennent immédiatement après les *habiles*, et ces timides sont par excellence le P. Lacordaire qui, dans toute l'effervescence de Juillet, se fit arrêter comme maître d'école ; M. de Montalembert, son compagnon dans cette entreprise, et qui, à la tribune de la Chambre des pairs, où il demeura longtemps isolé, proféra ce cri qui causait alors tant de colère et de surprise : « Nous sommes les fils des croisés ; nous ne reculerons pas devant les fils de Voltaire ! » Enfin l'évêque d'Orléans que pas un seul des combats de son siècle n'a trouvé indifférent, hésitant ou distrait.

Napoléon III, qui, lorsqu'il n'était encore que Président de la République, avait pris plaisir à nommer l'abbé Dupanloup évêque, lui eût volontiers offert d'autres faveurs, quand il fut devenu maître de les prodiguer toutes. Mais le vaillant athlète n'était pas plus facile à séduire qu'à effrayer ; les faveurs de ce temps eussent exigé une diminution de zèle, une trêve dans le dévouement : elles furent repoussées sans ostentation parce qu'elles l'étaient sans effort ; elles le furent aussi sans aucun manque de respect, et lorsque l'Empereur vint faire une visite solennelle à la cathédrale d'Orléans, l'évêque, qui le recevait sur le seuil, lui adressa quelques paroles, unanimement proclamées, même aux Tuileries, un modèle de dignité et de convenance épiscopales. Ce jour-là et tous les jours de sa vie, son inspiration, sa règle, sa force, furent ces belles paroles de saint Ambroise : *Nihil in sacerdote tam periculosum apud Deum, tam turpe apud homines, quàm quod sentiat non liberè denuntiare* [1].

---

[1] Un prêtre s'expose gravement à la colère de Dieu et au mépris des hommes, quand il ne dit pas librement ce qu'il pense.

Dès l'année 1849, M. Dupanloup comprit que la guerre commencée contre le Saint-Siège n'était qu'à son début, et il publia une brochure intitulée : *De la Souveraineté temporelle du Pape.* C'était un savant traité sur la matière en même temps qu'un chaleureux appel à tous les cœurs catholiques. Quand, en 1859, nos armées pénétrèrent en Italie, il les accompagna de ses prières, mais aussi de ses avertissements, et les préliminaires de Villafranca qui rassurèrent, ou plutôt égarèrent un moment le pays, ne trompèrent pas l'évêque d'Orléans. En 1860, il s'adressait à son clergé, pour l'œuvre du denier de Saint-Pierre et publiait une pressante circulaire, *en la fête de saint Aignan,* l'un des patrons du diocèse. La même année vit paraître presque coup sur coup : *Lettre à un catholique* sur la brochure de M. de la Guéronnière intitulée : *Le Pape et le Congrès; Lettre à M. Grandguillot*, rédacteur en chef du *Constitutionnel*, — qui valut à l'évêque d'Orléans un procès mémorable — une *Lettre sur les démembrements dont les États Pontificaux sont menacés;* dans sa cathédrale, il prononçait l'oraison funèbre des héroïques morts de Castelfidardo. En 1861, il publiait une nouvelle *Lettre à M. de la Guéronnière;* en 1862, à son retour de Rome, une circulaire au clergé; en 1864, il électrisait le congrès de Malines par un véhément discours; en 1865, Nantes le voyait accourir pour l'oraison funèbre du général de Lamoricière; en 1865 aussi, Pie IX le félicitait sur la brochure intitulée : *La convention du 15 septembre, l'encyclique du 8 décembre et le Syllabus;* en 1867, il retournait à Malines, publiait un *post-scriptum* à la *Lettre à M. Ratazzi*, et an-

nonçait à son clergé le futur concile œcu-
ménique ; en 1868 paraissaient *les Alarmes
de l'épiscopat justifiées par les faits.*

On pourrait croire qu'une si longue
énumération est complète : loin de là ! On
ne voit ici que ce qui a trait aux luttes
religieuses ; mais on pourrait montrer en
regard une liste non moins prodigieuse de
brochures littéraires ou philosophiques,
de dissertations sur l'enseignement, de
réfutations de M. Littré, de réponses à
M. Duruy ; puis des livres pieux réédités
et commentés, tels que : *Le Christianisme
présenté aux gens du monde par Fénelon* ou
l'Histoire de madame Acarie, fondatrice des
carmélites réformées de France.

Il n'est pas jusqu'à l'agriculture qui n'ait
fixé son attention et dont il n'ait parlé dans
cette langue chrétienne, qui, sans rien
exagérer, relève tout parce qu'elle rap-

proche tout de Dieu. Le 9 mai 1861, il convoquait dans sa cathédrale le concours régional agricole du Loiret et du haut de la chaire épiscopale justifiait ainsi la pensée de cette belle fête :

« Ne demandez pas, disait-il, quels services un évêque peut rendre à l'agriculture. Vous semez du blé, je sème la paix et la vérité ; vous améliorez l'espèce bovine, je tâche d'améliorer l'espèce humaine. Vous élevez des agneaux, j'essaie d'élever les enfants ; je tâche en vous de faire des hommes. Les familles riches m'amènent leurs fils ; je tâche de faire des riches qui aiment les champs, qui pensent à les habiter, qui comprennent leur temps, qui pratiquent leurs devoirs, et s'occupent un peu plus des bœufs ou des moutons que des lièvres et des chevreuils. Les familles pauvres me confient

leurs enfants; mes frères et moi nous tâ-
chons d'en faire des gens honnêtes qui
restent au village, en goûtent la simplicité
et sentent leur cœur ému au tintement de
l'*Angelus* comme au battement du rappel.
Oui, messieurs, l'Église est aux âmes ce
que le soleil est aux champs, ce soleil dont
parlait si bien naguère un poète digne de
ce nom [1] :

> C'était notre soleil dans les travaux obscurs
> Qui nous ont gardé fiers en nous conservant purs. »

Puis, après avoir remercié le concours
régional d'avoir invité la religion à cette
fête, l'Évêque terminait ainsi :

« Tout ce qui vous touche intéresse la
religion, elle n'est indifférente à rien de ce
qui peut vous rendre plus heureux et

[1] M. Victor de Laprade, de l'Académie française.

meilleurs. Dans un siècle qui a tant besoin de réconciliation, c'est un signe de paix et de sérénité pour tous que de voir les plus nobles intelligences comprendre cette affinité naturelle de la religion avec tout ce qui fait le bonheur de l'homme, et chercher en toutes choses à se rapprocher d'elle.

« Et vous, pour qui ont été instituées ces fêtes et préparés tous ces prix, intelligents et laborieux cultivateurs, allez maintenant, allez au milieu des applaudissements unanimes de vos concitoyens, allez à ces récompenses auxquelles donnent une triple valeur et les travaux qui les ont méritées, et les juges qui les ont décernées non en censeurs rigoureux, mais en amis et souvent en admirateurs, et l'illustre assistance qui sera témoin de vos triomphes.

« Et puis, au sortir de là, chacun retournera avec courage à ses travaux accoutu-

més; car tous les jours ne sont pas jours de
fête, et si la récompense a ses douceurs qui
consolent, le travail a ses devoirs qui ne
sont pas non plus sans charmes.

« Et cela est vrai, non-seulement pour
vous, travailleurs des campagnes, mais
aussi pour tous ceux qui sont venus ici ap-
plaudir à vos efforts, couronner vos succès.
Tandis que vous retournerez à vos champs,
nous retournerons tous chacun à notre labeur; car chacun a sa tâche en ce monde,
chacun travaille à sa façon ici-bas. Sachez-
le bien, toute fonction sociale a sa peine
et ses sueurs. Le savant qui invente et
calcule vos machines, le chimiste qui ravit
pour vous à la nature ses précieux secrets,
l'ingénieur qui fait vos ponts, vos routes et
ces digues qui arrêtent les ravages de vos
fleuves, l'homme habile dans l'art de guérir,
l'avocat qui soutient vos droits et défend la

liberté des citoyens, le juge qui maintient le règne des lois et assure à tous le bienfait de la justice, le guerrier qui combat pour la patrie, le prêtre à qui sont confiées vos âmes; oui, tous, qui que nous soyons, nous sommes des travailleurs, et votre évêque comme les autres, permettez-lui de le dire, et autant peut-être que le plus occupé d'entre vous; tous, nous devons manger le pain de la vie à la sueur de notre front selon l'oracle divin : *In sudore vultûs tui vesceris pane*. Et voilà pourquoi tous, dans cette vallée de larmes, dans nos peines et dans nos labeurs, nous sommes dignes de respect ! Et si les chefs des grandes sociétés humaines, si le prince, si le magistrat, si le pontife sont dignes ici-bas d'un plus haut respect, c'est que, depuis l'Évangile, les plus hautes fonctions sociales demandent un plus grand dévouement et ne sont

le plus souvent que d'illustres mais acca-
blantes servitudes.

« La religion vous aime, aimez la religion ; mettez-la toujours de moitié dans vos
cérémonies, approchez de ses bénédictions
vos machines, vos moissons, et aussi votre
cœur. Prenez dans ses douleurs, — car elle
en a comme vous ici-bas, et ses travaux sont,
comme les vôtres, exposés à l'orage ; —
prenez dans ses douleurs la part qu'elle aime
à prendre dans vos joies, dans vos peines,
dans vos progrès et dans vos fêtes. »

Et, à côté de tout ce qui a paru, com-
bien de travaux sont restés manuscrits ou
inachevés ! Car, il faut bien le dire, l'évêque d'Orléans a, dans sa vie, donné bien
des rendez-vous auxquels il a manqué,
ébauché bien des idées fugitives ; c'est
qu'il avait l'impétuosité d'un chef d'avant-
garde qui toujours poussé par le cri *en*

avant! ne campe jamais longtemps au même lieu. En tout cas, il ne quittait le bien que pour le mieux, ne donnait la préférence qu'au plus pressé, et ce n'était ni par changement de volonté, ni par caprice, c'était par la seule conviction qu'il faut courir au feu partout où éclate l'incendie. Assurément, quand on vise à la renommée, on compte davantage avec le temps et le travail, mais il ne visait qu'à servir Dieu et à lui rallier des fidèles.

L'une de ses dernières pensées a été celle-ci : « Désormais, mon plus vif chagrin en ce monde, c'est le spectacle des âmes que nous avons refroidies ou perdues par nos propres fautes. »

Un des motifs de sa mobilité apparente était aussi la très-sincère abnégation avec laquelle il consultait; personne, en effet, n'a jamais incliné sa pensée devant celle

d'autrui avec plus de simplicité et d'aban-
don. En parcourant la collection de ses
volumes et de ses brochures, je lis en tête
d'une épreuve sans date : « Imprimerie
« Ernest Colas — Orléans — Mon ami, si
« nous avons enfin des élections, je vou-
« drais publier ceci (c'était une lettre adres-
« sée aux catholiques contre l'abstention);
« corrigez, retranchez, ajoutez. » Et de
petits autographes de ce genre n'étaient
point un privilège : douze, quinze, vingt
épreuves, portant la même requête, par-
taient en même temps dans toutes les direc-
tions; toutes les réponses reçues étaient
examinées, pesées avec le plus grand soin;
tous les avis ne pouvaient être suivis, mais
tous étaient accueillis avec la même bonne
grâce.

Nous voici maintenant arrivés à l'un

des points les plus importants de la carrière de l'évêque d'Orléans : le Concile. Je ne me reconnais aucune compétence pour traiter cette question. Je me bornerai à constater ici que son caractère resta fidèle à lui-même : ardent et contenu.

Il discuta tant que la discussion fut un droit; il se soumit dès que la soumission fut un devoir.

Sans méconnaître cette vérité, des juges autorisés et impartiaux ont blâmé cependant l'usage qu'il fit de la presse avant et pendant la tenue du Concile; je n'entreprends ni de repousser, ni d'appuyer ce blâme; je présenterai seulement, en toute sincérité, deux considérations que je crois essentielles pour prononcer un jugement.

La première c'est que l'évêque d'Orléans ne laissa jamais planer un doute sur sa docilité. En partant de son évêché pour Rome, il adressait au clergé et aux fidèles de son diocèse ces paroles qui, du moins, auraient dû éclairer les hostilités qui n'étaient pas systématiques :

« D'avance obéissant, et obéissant jus-
« qu'à la mort, j'adhère aux décisions du
« Chef de l'Église et du Concile; j'y ad-
« hère du fond du cœur et de toute mon
« âme, quelles que soient ces décisions,
« conformes ou contraires, je l'ai dit et
« je le répète, à ma pensée particulière,
« qu'elles viennent la confirmer ou la con-
« tredire. Que vient-on me parler ici de
« contrainte, de pressions, de manœuvres
« humaines? Nous sommes tous des hom-
« mes, et dans ce Concile comme dans
« tous les autres, les imperfections hu-
« maines auront leur part. Mais notre

« croyance est précisément que le Saint-
« Esprit dirige, façonne, consume ces
« imperfections, et les tourne au service
« de la vérité. Nul n'est catholique sans
« cette foi qui est la mienne, et voilà pour-
« quoi d'avance j'adhère, je suis soumis;
« et je suis heureux d'adhérer, joyeux de
« me soumettre. Après avoir combattu
« librement, travaillé fortement, agi cou-
« rageusement, la soumission sera no-
« tre victoire, et vous nous ferez à tous
« la grâce, ô mon Dieu, de trouver la
« paix dans la foi et la joie dans l'obéis-
« sance.

« Ce que je crois, mon devoir sera de le
« faire croire, et vous nous ferez aussi la
« grâce, ô mon Dieu, de trouver les voies
« de la persuasion, l'onction qui touche
« les cœurs, ramène les égarés, fait briller
« la vérité d'un éclat doux et vainqueur,

« sans la ternir par nos défauts et la rendre
« pénible à nos Frères [1]. »

Le second souvenir que je veux rappeler,
c'est que l'évêque d'Orléans n'obéit qu'à sa
conscience et cela sans aucune illusion.
Lui-même ne nous a-t-il pas ouvert son
cœur avec un accent de sincérité que personne ne peut méconnaître, dans sa lettre
à l'archevêque de Malines?

« Certes, je puis le redire, Monseigneur,
« lui écrivait-il : *dans la contention d'amour*
« *pour le Saint-Père*, je ne me suis jamais
« laissé vaincre par personne; on m'a vu
« assez souvent sur la brèche; et si d'autres
« luttes pour la religion ont occupé ma vie,

---

[1] *Lettre de M⁄ˢʳ l'évêque d'Orléans au clergé et aux
fidèles de son diocèse, avant son départ pour Rome*,
p. 20.

« aucune, vous me forcez à le rappeler,
« n'y a tenu une plus grande place.

« J'ai combattu de même et toujours,
« sans jamais regarder au nombre, l'im-
« piété, et ses doctrines subversives, et
« ses ligues funestes.

« C'est l'honneur de ma vie militante
« d'avoir été insulté, autant que le fut ja-
« mais un évêque, par les adversaires de
« la religion et de la société.

« Il n'y avait qu'un dernier sacrifice
« dont je n'avais pas encore rencontré
« l'honneur; mais il s'est offert à moi, je
« ne l'ai pas fui. J'ai brisé cette popularité,
« telle quelle, que je n'avais pas cherchée,
« et qui pour tant de gens est une idole,
« non sans savoir ce que je faisais, mais
« sans hésiter [1]. »

[1] *Réponse de Mgr l'évêque d'Orléans à Mgr Dechamps,
archevêque de Malines,* p. 56.

Au retour du Concile, l'immense douleur qui fut épargnée à Berryer et à Montalembert, l'immense douleur de voir la
France envahie et mutilée, pesa de tout
son poids sur l'évêque d'Orléans; nul ne
la ressentit plus profondément, nul ne la
subit avec plus de fierté. On eût dit son
plus illustre prédécesseur, saint Aignan,
couvrant de sa majesté comme d'une ar-
mure tout le peuple orléanais, disputant,
arrachant au vainqueur, tantôt par l'énergie de la résistance, tantôt par l'autorité
de la persuasion tout ce qui pouvait adou-
cir ou diminuer l'humiliation de la défaite.
Son diocèse le bénit et le récompensa
comme on doit récompenser le soldat,
tant qu'il est debout; il l'envoya sur un
autre champ de bataille; il le choisit pour
l'un de ses députés à l'Assemblée nationale.
Avec la même sérénité, avec le même

dévouement, l'évêque se consacra à ces luttes nouvelles.

Il arrivait à l'Assemblée, navré, mais non abattu, et gardant encore quelques espérances comme un baume pour les plaies de la patrie.

A la fin du mois de juin 1871, l'Académie eut à remplacer M. Villemain comme secrétaire perpétuel; je vins prendre part au scrutin qui lui donna pour successeur M. Patin, et je profitai de cette circonstance pour passer quelques jours sous le toit de l'évêque d'Orléans. Il avait à Versailles, comme partout, de nombreux amis, et la baronne de Fréville, sœur de l'abbé de Moligny, avait mis à sa disposition un très-bel hôtel. Là, je fus témoin de tout le respect dont il était entouré, de la confiance que nul homme et nul parti ne lui refusaient. Je vis sa joie lorsque, des diverses fractions de la droite, on vint lui dire : « La réconciliation de la famille royale est un fait accompli ; elle était hautement annoncée, hier au soir, à l'hôtel de la présidence par **M.** Thiers lui-même. » Le lendemain, je fus également témoin de son désespoir, à ce cri soudain, éploré : « D'autres conseils ont prévalu ; tout est brisé ! »

Ce que fut ce désespoir dans toutes les fractions de la majorité monarchique, parmi les membres de la droite la plus extrême, soit à l'Assemblée, soit dans la presse, comme parmi les orléanistes les plus notoires, nul ne peut s'en faire une idée exacte, s'il ne l'a vu de ses propres yeux.

.   .   .   .

.   .   .   .

.   .   .   .

Je laisse désormais ces tristes souvenirs à l'écart, et je ne veux plus m'attacher ici

qu'aux derniers exemples du dévouement,
du désintéressement et de l'abnégation de
l'évêque d'Orléans.

Après plusieurs jours de profonde émotion, l'Assemblée reprit ses travaux, mais
dans un état de perplexité voisin du découragement.

Pour l'évêque, restait un immuable
devoir : défendre la cause de l'Église
qui est en même temps celle de la civili-
sation. Il se donna à cette mission avec
son activité infatigable et son inaltérable
sagesse. Pendant qu'il montait à la tribune
pour obtenir la présence des ministres de
la religion dans les conseils de l'assistance
et de la charité publiques, il lançait contre
la crédulité puérile et dangereuse à d'apo-
cryphes prophéties l'avertissement le plus
salutaire et, malheureusement, le plus op-
portun.

« Soyons, disait-il, une génération éner-
« gique et dévouée, intelligente et capa-
« ble, croyante et agissante, qui com-
« prenne les besoins et la marche des
« agitations humaines et ne s'en montre
« pas plus effrayée qu'il ne convient à ceux
« qui doivent puiser dans les lumières de
« la foi quelque chose de la sagesse et de
« la patience de Dieu, à ceux qui, sans re-
« courir à de vains et suspects oracles,
« peuvent trouver dans l'histoire de leurs
« pères, dans les souvenirs du passé, les
« secrets de la Providence, et les espéran-
« ces de l'avenir [1]. »

Enfin, il prenait une part maîtresse dans
les laborieuses délibérations d'où allait sortir la loi de l'enseignement supérieur. En

---

[1] *Lettre sur les prophéties publiées dans ces derniers temps, adressée par* Mgr *l'évêque d'Orléans au clergé de son diocèse*, p. 35.

même temps, il adressait une lettre à
M. Gambetta et deux à M. Minghetti, président du conseil des ministres en Italie.
J'abandonne aux curieux le soin de recher-
cher si c'est à l'Italie ou à la France, à
M. Minghetti ou à M. Gambetta, que
s'adressaient les paroles suivantes :

« Je vois de près ce qui se passe ; rien
« n'est plus douloureux, et, j'aime à le
« penser, ce n'est pas sans un amer regret
« que vous prenez part à de telles choses.
« Tout se fait avec un art profond, une
« méthode savante ; sans bruit, sans vio-
« lences apparentes ; des formes légales
« couvrent tout. Ce qui s'accomplit là, ce-
« pendant, n'en est pas moins le désastre
« de l'Église, et en serait, si elle pouvait
« être ruinée par la main des hommes, la
« ruine... Vous voulez détruire le prêtre

« en l'assujettissant au service militaire.

« Vous parlez de l'égalité devant la loi!

« Mais encore faut-il savoir l'appliquer et

« ne pas oublier cet autre principe, néces-

« saire aussi dans la législation des peu-

« ples civilisés, si l'on veut empêcher cette

« égalité de dégénérer en un niveau sau-

« vage, et de porter une perturbation pro-

« fonde dans les divers services publics; il

« ne faut pas oublier, je l'ai dit, l'équiva-

« lence des services, ni non plus les incom-

« patibilités !

« C'est ce qu'un député, très-partisan

« assurément du principe d'égalité, décla-

« rait récemment en ces termes :

« Il y a des hommes qui peuvent rendre

« à la société des services cent fois, mille

« fois plus grands que s'ils allaient accroî-

« tre de leur unité le nombre des soldats

« dans les casernes.

« N'entendez donc pas dans un sens ma-
« tériel et tyrannique ce principe d'éga-
« lité; autrement, et si vous n'aviez songé
« qu'à faire de la logique à outrance sur ce
« principe, je serais tenté de vous dire que
« vous n'êtes que des enfants; ou, si vous
« l'aimez mieux, des novices dans la vie
« politique et parlementaire; des néophytes
« que leur jeune et nouvelle ferveur en-
« traîne.

« Les pierres, disait encore ici avec bon
« sens un sénateur, les pierres s'adaptent à
« la même mesure avec le marteau; mais
« on n'en fait pas de même des hommes
« avec les lois.

« J'ai donc le droit de vous le rappeler
« ici :

« Dans la conscience de tous les peuples,
« le prêtre a un caractère sacré; et c'est
« pourquoi jamais, nulle part, on n'a songé

« à en faire un homme qui verse le sang ;
« sa mission est une mission de paix, non
« de guerre ; sa mission est de prier, non
« de combattre ; de bénir, non de tuer.

« La conscience du genre humain a tou-
« jours ainsi conçu le prêtre ; et ce carac-
« tère est tellement le sien, que les prêtres
« des faux dieux en ont toujours paru eux-
« mêmes revêtus.

« Voyez le prêtre dans Homère ou dans
« Virgile ; dans les vieilles civilisations de
« la Grèce et de l'Italie. Là, si le prêtre
« paraît sur les champs de bataille, c'est
« pour sacrifier, non pour combattre.

« Et vous voudriez dépouiller de ce ca-
« ractère auguste les prêtres du Dieu vi-
« vant !

« Vous reculeriez, en fait de sens moral
« et religieux, au delà même du paga-
« nisme !

« Aux yeux de tout catholique, sachez-le,
« le prêtre catholique continue ici-bas la
« mission et le sacerdoce de Jésus-Christ.

« Fonctions religieuses, sans doute,
« avant tout, mais fonctions sociales aussi,
« et civilisatrices au premier chef. »

Enfin, l'évêque d'Orléans s'adressait à
l'opinion publique tout entière dans un
éloquent appel intitulé : *Où allons-nous ?*

En 1875, par le vote même de l'Assemblée
nationale, l'évêque devint sénateur à l'heure
où redoublait la propagande antichrétienne
qui, depuis, n'a cessé de se développer.

On pourrait croire que, au milieu de tels
périls, en face de telles vertus et, en tout
cas, en retour de tels services, l'hostilité
envers l'évêque d'Orléans s'était résignée
au silence; il n'en fut rien; jamais, au con-

traire, elle ne fut pas acharnée. Elle n'é-
branla pas un instant son calme.

La rancune est la menue monnaie de la
haine; l'évêque était aussi incapable de l'une
que de l'autre. Assurément il n'était pas en-
durant, quand on touchait aux choses qui
lui étaient sacrées; assurément il ressentait
avec chaleur, il exprimait quelquefois avec
véhémence, de saintes indignations; assurément il se sentait atteint, quand sa cause
était blessée; mais sa générosité ne se dé-
mentait jamais envers les individus dont,
du reste, il s'occupait rarement. Il fallait
qu'un homme lui parût bien funeste à l'É-
glise pour fixer longtemps son regard. As-
sailli sans relâche de pamphlets, ridicules
il est vrai et faciles à dédaigner, je ne l'ai
vu qu'une seule fois ému, en pareille circonstance.

Il s'agissait d'un énorme volume in-

quarto de 900 pages environ, œuvre indi-
geste, distillant à chaque ligne l'insanité
d'esprit et de style, mais ayant le grand
danger de se présenter comme la continua-
tion d'une histoire universelle de l'Église
qui n'est pas sans quelque valeur. J'étais si
accoutumé à l'indifférence de l'évêque d'Orléans en pareille matière que je fus étonné
de son émotion ; j'en eus promptement le
secret quand il s'écria, en mettant ses deux
mains sur son visage : « Que deviendrait un
clergé nourri de semblables aliments ? » Il se
résolut même à en entretenir plusieurs évêques. Ces entretiens eurent pour résultat
un acte significatif qu'on eut l'indulgence,
peut-être à tort, de ne pas rendre public.

Du moins l'évêque d'Orléans et ses véné-
rables collègues eurent-ils en cela le bonheur d'imiter saint François de Sales.

« L'introduction à la *Vie dévote*, ce chef-
« d'œuvre de piété et de prudence, ce trésor
« de sages conseils, ce livre qui conduit
« tant d'âmes à Dieu, dans lequel tous les
« esprits purs viennent goûter avec joie
« les saintes douceurs de la dévotion, fut
« déchirée publiquement, jusque dans les
« chaires évangéliques, avec toute l'amer-
« tume et l'emportement que peut inspi-
« rer un zèle indiscret, pour ne pas dire
« malin. Si notre saint évêque se fût
« élevé contre ces prédicateurs téméraires,
« il aurait trouvé assez de prétextes de cou-
« vrir son ressentiment de l'intérêt de l'é-
« piscopat qui était violé en sa personne, et
« dont l'honneur, disait un ancien [1], établit
« la paix de l'Église. Mais il pensa, que si
« c'était une plaie à l'Église de voir qu'un

[1] Tertull., *de Bapt.*, n° 17.

« évêque fût outragé, elle serait bien plus
« grande encore de voir qu'un évêque fût
« en colère, parût ému en sa propre cause;
« et animé dans ses intérêts. Ce grand
« homme se persuada que l'injure, que
« l'on faisait à sa dignité, serait bien mieux
« réparée par l'exemple de sa modestie,
« que par le châtiment de ses envieux.
« C'est pourquoi on ne vit ni censures ni
« apologie, ni réponse; il dissimula cet
« affront. Il en parle comme en passant en
« un endroit de ses œuvres, en des termes
« si modérés, que nous ne pourrions jamais
« nous imaginer l'atrocité de l'injure, si la
« mémoire n'en était encore toute ré-
« cente [1].

Doit-on insister maintenant sur sa charité?

[1] Bossuet. — Panégyrique de S. François de Sales.

Personne de notre temps, a dit, depuis la mort de l'évêque d'Orléans, un vieillard qui avait toutes ses confidences financières, personne n'a plus reçu et n'a plus vite dépensé en fondations publiques ou en aumônes secrètes. Dès sa jeunesse, au séminaire, où il ne disposait point des puissantes bourses qui se sont ouvertes depuis, on le voyait déjà s'imposer les plus dures privations pour secourir quelques compagnons d'études. Il a toujours donné comme un riche parce qu'il a toujours vécu comme un pauvre.

On raconte [1] que saint Vincent de Paul, qu'on appelait alors M. Vincent, ne sortait jamais qu'à pied, ou sur une petite monture, quand ses courses étaient trop lointai-

[1] Voir le curieux et intéressant ouvrage intitulé : *La Duchesse d'Aiguillon, nièce du cardinal de Richelieu,* par M. Bonneau-Avenant, lauréat de l'Académie.

nes. Quand il eut vieilli, les dames de
charité de Paris, craignant qu'il ne lui
arrivât quelque accident grave, firent faire,
tout exprès pour lui, une voiture si simple
et si pauvre qu'il ne semblait pas que son
aversion pour tout faste pût s'en effrayer;
elle s'en effraya cependant, et l'humble
carrosse restait sous la remise. La duchesse
d'Aiguillon, présidente des dames de charité,
qui avait reçu M. Vincent chez elle à la
campagne, saisit l'occasion pour ordonner à
l'équipage qui le ramenait de rester à Saint-
Lazare bon gré mal gré.

« Ayez donc égard, je vous prie, au be-
« soin que vous en avez, lui écrivait-elle
« dans un billet qui accompagnait le don;
« je vous en conjure au nom de toutes ces
« dames.

« — Non, madame, répondit M. Vincent,
« je n'en ferai rien! Quand l'enflure et la

11

« faiblesse de mes jambes ne me permet-
« tront plus d'aller ni à pied, ni à cheval, je
« suis résolu de demeurer plutôt le reste de
« ma vie à Saint-Lazare que de me faire
« traîner, moi, pauvre paysan, dans un car-
« rosse. » La duchesse d'Aiguillon eût été
vaincue dans ce conflit de charité si elle
n'eût obtenu l'intervention de l'archevêque
de Paris et de la Reine. La vertu de l'obéissance fut alors celle qui l'emporta. « Mais,
« dit son historien, il n'appela jamais ce
« malheureux carrosse que sa honte et son
« ignominie. »

L'évêque d'Orléans avait plus d'un point
de ressemblance avec M. Vincent, et il en
approchait certainement de très-près par
l'aversion de toutes les aises de la vie. Sa
voiture avait cent ans et son cheval, qui ne
paraissait pas en avoir beaucoup moins,
secouait les oreilles, sans hâter le pas, sous

le fouet amical d'un cocher dont on aurait
pu faire un donneur d'eau bénite. Cet
étrange équipage était bien connu à la gare
d'Orléans, et quand on le voyait arriver
dans la cour, toujours à la dernière minute,
les facteurs se précipitaient à l'envi, sachant
bien à qui ils allaient ouvrir la portière.
Encore c'étaient là les grands jours! Par
goût, il allait habituellement à pied, tête
nue, son chapeau sous le bras, et, quand le
temps était menaçant, avec un vaste para-
pluie en coton. Il avait, je ne dis pas le
mépris, car pour mépriser quelqu'un ou
quelque chose, il faut y penser, mais la
parfaite ignorance ou le profond oubli de
tout ce qui était ostentation, recherche pu-
rement extérieure, étrangère ou inutile à
la dignité épiscopale dont personne n'était
plus jaloux que lui, dans le sens vraiment
religieux. Son costume était à l'avenant.

Les journaux ont raconté l'anecdote d'un curé de son diocèse qui, venant à Orléans pour les affaires de sa paroisse, fut retenu à dîner par l'évêque. « J'ai peut-être eu tort d'accepter, dit le pauvre curé au grand vicaire, car je ne m'attendais pas à cet honneur, et ma soutane n'est pas convenable. — Votre soutane? dit le grand vicaire, mais vous n'avez donc pas regardé la sienne! »

Il est embarrassant de dire jusqu'où allait son indigence en ce genre, mais il n'y a rien de tel que les petites choses pour bien faire juger les grandes, ce sont d'excellents témoins parce que, imprévus et spontanés, personne ne prend ni le temps ni la peine de les suborner.

Quand il ne s'agissait pas d'une consolation ou d'un conseil grave, l'évêque d'Orléans donnait ses rendez-vous partout, dans

ses promenades, dans les gares, dans les
wagons de chemins de fer, n'importe où,
pourvu qu'il fit une économie de son temps.
Un dimanche, durant une station du P. Mon-
sabré à Notre-Dame, il m'invita à aller le
rejoindre au banc d'œuvre; cette proposi-
tion me causait un double plaisir, je m'en-
pressai de l'accepter. L'évêque, arrivé au
sermon avec l'archevêque de Paris, quitta
le cortège, en sortant du banc d'œuvre, et
m'emmena pour monter dans un fiacre qui
devait l'attendre à une des portes latérales
de Notre-Dame; le fiacre stationnait, par
méprise, à une autre porte. Pendant qu'un
commissionnaire allait le chercher, l'évêque
et moi commençâmes notre conversation
sur le seuil du petit portique, une portion
de la foule s'écoulait par là; on reconnut
l'évêque d'Orléans, on l'entoura silencieuse-
ment, respectueusement, avec beaucoup de

sympathie. L'évêque ne pouvait manquer
de s'en apercevoir ; mais il n'aimait pas les
ovations ; il se tourna donc le plus qu'il put
du côté du mur, tenant son chapeau à la
main, selon son habitude. « Je vous en prie,
lui dis-je, par humilité, cachez votre chapeau. » Ce chapeau, en effet, n'avait plus
ni forme, ni couleur. L'évêque me regarda
d'un air étonné sans me comprendre, et
l'explication allait devenir embarrassante,
à côté de la foule qui nous serrait de près,
lorsque le fiacre apparut et nous emmena.
Quelques heures après, je racontais, avec
grand plaisir, à une amie de l'évêque d'Orléans, Mme de ***, cette petite scène et l'impression très-douce que j'en avais reçue.

« Ah ! si on avait pu voir sa culotte ! s'écria
vivement Mme de *** ! — Mais vous-même,
Madame, comment connaissez-vous la culotte de l'évêque d'Orléans ? — D'une façon

bien simple, répliqua Mme de ***. Il y a quelques années, en allant voir mon fils au petit séminaire de la Chapelle, je trouvai la cuisinière, que je connaissais fort bien, assise devant une porte et ajustant des pièces sur une vieille culotte noire.

— Pour quel pauvre travaillez-vous là? demandai-je de très-bonne foi.

— Ah! vous dites bien, Madame; pour un pauvre à qui on ne peut jamais faire garder rien de neuf! je travaille pour Monseigneur. »

Plus on voyait de près cet austère dévouement, cette constante préoccupation pour les intérêts de l'Église, plus on souhaitait que l'Église elle-même les glorifiât, étendît leur cercle et fortifiât leur influence. Une certaine disgrâce, un certain isolement grandissent souvent un homme, en permettant de le mieux voir et, par consé-

quent, de le mieux juger; mais ils nuisent à
sa cause. On ne s'étonnera donc pas que
quelques-uns des collaborateurs de l'évêque
d'Orléans, dans nos dernières assemblées,
ambitionnassent pour lui la pourpre romaine; et, en effet, arrivés au pouvoir, ils
le présentèrent pour un des chapeaux va-
cants ; d'autres noms furent préférés à
Rome.

Plus récemment, à l'heure où cette pensée était, pour ainsi dire. délaissée, le bruit
se répandit tout d'un coup au Sénat que la
promotion de l'évêque d'Orléans ne rencon-
trerait plus de difficultés au Vatican, mais
que c'était M. Dufaure qui s'y refusait,
parce que l'évêque d'Orléans avait voté la
dissolution de la Chambre des députés,
avec la majorité du Sénat, le lendemain
du 16 Mai. Grande fut alors l'émotion des
amis de l'évêque d'Orléans, qui se gardè_

rent bien de la lui confier, car il avait déjà
refusé l'archevêché de Lyon, et l'on ne
pouvait espérer de lui, je ne dis pas aucune
démarche, mais la plus simple condescen-
dance, pour un intérêt personnel. « Avoir
« mérité les dignités et les avoir refusées,
« a dit Bossuet [1], c'est une nouvelle espèce
« de dignité qui mérite d'être célébrée par
« toutes sortes d'honneurs, et comme l'uni-
« vers n'a rien de plus grand que les grands
« hommes modestes, c'est principalement
« en leur faveur et pour conserver leur vertu
« qu'il faut épuiser toutes sortes de louan-
« ges. » Cette louange sera la dernière que
l'évêque d'Orléans aura méritée dans sa vie
et le dernier exemple qu'il nous aura légué.

Les forces du vieux lutteur déclinaient,
sa santé commençait à inspirer de l'inquié-

[1] Oraison funèbre de Nicolas Cornet, grand-maître du
collège de Navarre.

tude, et on le détermina à se rendre dans le
Midi, à Hyères, où l'attendaient les soins
les plus affectueux. Mais la mort seule pouvait le terrasser; la maladie l'arrêtait à
peine, et il emporta le plan et les maté-
riaux d'un travail considérable. De nouvelles et terribles luttes religieuses se laissant
apercevoir à l'horizon, je reçus de lui une
de ces lettres courtes et précises, sans
préambule et sans phrases, comme il les
écrivait toujours :

« 18 janvier 1878.

« Cher ami,

« Vous avez peut-être lu, dans les jour-
« naux, qu'on va publier les œuvres pos-
« thumes de M. Thiers.

« Si M. Mignet s'en chargeait seul, j'y

« aurais confiance; mais d'autres y met-
« tront la main. En tous cas, ne croiriez-
« vous pas utile de publier quelque chose
« de M. Thiers de 1849 et de 1850?

« Que pensez-vous de ceci? Veuillez m'en
« écrire à Hyères où je tâche de remettre
« ma santé fort ébranlée, après avoir passé
« six jours à Montpellier chez le grand et
« saint docteur Combal, qui a bien voulu
« me donner son hospitalité en même temps
« que ses conseils.

« Tout à vous du fond du cœur en Notre-
« Seigneur,

« † F., *évêque d'Orléans.* »

Je me hâtai de lui répondre que je met-
tais tous mes tiroirs à sa disposition, mais
que c'était à lui que devaient appartenir
la mise en œuvre et la publicité. Il me répliqua :

« Hyères, 24 janvier 1878.

« Cher ami,

« Je vais dicter immédiatement mes sou-
« venirs à l'abbé Lagrange. Dictez aussi les
« vôtres.

« Je possède deux exemplaires très-au-
« thentiques de nos procès-verbaux; cela
« est aussi exact que possible [1].

« Je suis charmé que vous soyez d'avis,
« comme moi, que c'est une œuvre impor-
« tante et nécessaire.

« Ce me sera une consolation de cœur
« de rendre cet hommage à un homme que
« j'ai beaucoup aimé, et qui, alors, a tant
« mérité de l'être.

---

[1] Procès-verbaux de la commission qui a préparé la
loi du 15 mars 1850 sous la présidence de M. Thiers.

« Tout à vous bien affectueusement, en
« Notre-Seigneur.

« † F., *évêque d'Orleans.* »

Je me hâtai de lui transmettre plusieurs
lettres de M. Thiers à moi, quelques obser-
vations sur le travail à entreprendre, et le
fragment de mes *Mémoires* concernant la
réunion d'Augerville. Parmi les lettres de
M. Thiers, je lui fis copier celle-ci, elle ne
porte pas de date, mais elle est manifeste-
ment postérieure à Sadowa et fait allusion
à la statue de Voltaire érigée vers la fin de
l'Empire. A cette époque, ce qui me frap-
pait surtout dans le langage de M. Thiers,
c'était l'énergique flétrissure qu'il infligeait
au matérialisme, et la franchise de ses
convictions spiritualistes. M. Thiers, qui
avait tant d'affinités d'esprit avec Vol-

taire, défendait surtout ici l'homme qui a
écrit :

..... Non, je ne puis songer,
Que cette horloge existe et n'a point d'horloger !

C'était un point de vue dont je supposais
que l'évêque aimerait à lui faire honneur et
qui, à cette date, avait son prix.

« Château de Franconville, par Luzarches
(Seine-et-Oise).

« Mon cher confrère et excellent ami,

« Je suis bien sensible à votre bon sou-
« venir et je vous remercie d'avance de tout
« ce que vous aurez dit dans le *Correspon-*
« *dant* [1] qui n'a pu m'arriver à la campa-
« gne, mais que je vais faire prendre chez
« moi à Paris. Aucun suffrage ne peut

[1] Sur un volume du *Consulat et de l'Empire.*

« m'être plus précieux que le vôtre, et j'en
« recevrai toujours l'expression avec grande
« joie et grande gratitude.

« Ici, au fond de forêts qui ne sont pas à
« moi, mais à une amie et proche parente
« de ma belle-mère, je continue entre
« Galilée, Descartes, Pascal et Newton (en
« bonne compagnie, comme vous voyez),
« je continue à regarder le drame shakes-
« pearien de notre temps. Que de gravité à
« la fois et de grotesque! J'en suis con-
« fondu, et j'en serais égayé si je n'en étais
« terrifié pour mon pauvre pays, descendu
« sans s'en apercevoir du premier rang au
« troisième, c'est-à-dire, au dernier! Ou un
« duel à mort avec l'Europe, ou la résigna-
« tion d'un homme épuisé renonçant au
« monde pour le cloître (ce qui est noble
« pour l'individu, mais pas pour les na-
« tions), ou un duel à mort ou le cloître,

« telle est l'alternative qu'on a préparée à
« la France, et j'avoue que je crains autant
« l'une que l'autre de ces alternatives. Tout
« pesé, je suis *actuellement* pour la paix ;
« mais que de douleurs patriotiques pour
« les gens qui, comme vous et moi, aiment
« au même degré la France, sa liberté, sa
« grandeur, toutes ces nobles choses qui
« composent les affections des honnêtes
« gens !

    « Et les intérêts moraux, que deviennent-
« ils au milieu de ce chaos ?

    « Voilà ce sot et vieil enfant de X... ar-
« rêté ! mais que fait cela au fond de la
« question ? Rien ou presque rien. Que de
« difficultés presque insurmontables, et
« cela sur le terrain chargé de décombres !
« Entre nous, bien entre nous, je crains
« que notre excellent et éloquent ami l'évê-
« que d'Orléans ne s'engage témérairement

« dans le procès à Voltaire. Le qualifier
« comme il l'a fait blesse un certain in-
« stinct français, instinct tout national qui
« s'attache à Voltaire comme à l'un des
« génies les plus nationaux, les plus carac-
« téristiques de la France. Il faut prendre
« garde à cet instinct et il faut songer aussi
« que Voltaire, si on savait s'en servir, est
« le plus puissant des auxiliaires contre le
« véritable ennemi du jour, le matéria-
« lisme grossier du Congrès de Liège et de
« l'époque. C'est là l'ennemi le plus redou-
« table, et il y a, dans le *Dictionnaire philo-*
« *sophique,* des pages admirables de bon
« sens, de philosophie véritable, qui, citées
« à propos, embarrasseraient bien nos stu-
« pides panthéistes. Si, à mon âge, je suis
« plongé dans le grimoire algébrique, si je
« passe des journées et des nuits dans les
« laboratoires de chimie et de physique,

12

« c'est avec la conviction que le matéria-
« lisme est le vrai ennemi du temps, et
« qu'il faut le combattre avec ses propres
« armes, celles qu'il tire d'une fausse étude
« de la nature. Je crois qu'il serait bon
« aussi de le combattre avec les armes des
« génies qu'il aime à invoquer, lorsque ce
« sont des génies nationaux. Dans chaque
« homme, il faut prendre le bon, et toute
« bonne cause a le droit de dire : « Je
« prends mon bien où je le trouve. » Or, il
« y a, dans Voltaire, du parfait.

« Si je vous fais ces remarques, bien en-
« tre nous, je le répète (et je vous supplie
« qu'il en soit ainsi) c'est que j'aperçois
« chez des gens excellents, dont le con-
« cours est indispensable à la cause indis-
« soluble de la liberté et de l'ordre et qui
« répondent à la moyenne de tous les
« temps, de tous les pays, de tous les

« cultes, j'aperçois certains froissements,
« indice infaillible qu'une *certaine mesure*
« est passée; or, soyez sûr que, dans la
« conduite des choses humaines, c'est un
« compas qu'il faut toujours avoir sous
« les yeux.

« Trois grandes causes me sont à cœur :
« la liberté, le rang de la France dans le
« monde, les vraies croyances morales sans
« lesquelles l'homme descend vers la brute ;
« je m'y consacre, et je suis d'avis qu'il
« faut augmenter au lieu de diminuer le
« nombre de leurs adeptes. Voilà mon petit
« et modeste prône, digne de Gros-Jean,
« mais Gros-Jean est un brave homme qui
« a du bon sens, je vous assure, et qui est
« bon à entendre.

« Adieu, mon très-cher; mille amitiés,
« vives, sincères et constantes.

« A. THIERS. »

L'évêque d'Orléans m'accusa réception de mon envoi en ces termes :

« Hyères, 5 mars 1878.

« Cher ami,

« Je reçois votre lettre et les papiers qui « l'accompagnent.

« C'est excellent, et avec tout ce que « nous possédons d'ailleurs, cela peut pro- « duire un juste et grand effet.

« Vous avez réveillé mes souvenirs, et je « pourrai ajouter aux vôtres quelques dé- « tails qui ne vous déplairont pas.

« Nous aurons à causer sur ce qu'il dit de « Voltaire.

« Tout à vous bien tendrement en Notre- « Seigneur,

« ✝ F., *évêque d'Orleans.* »

Pendant que l'évêque d'Orléans poursuivait son travail sur M. Thiers, le centenaire
de Voltaire commençait à faire du bruit, et
l'évêque n'hésita point à quitter la besogne
entamée pour se jeter au-devant du flot
d'hommages qu'on essayait de diriger vers
le philosophe de Ferney. Je n'avais garde
de combattre ce nouveau travail, mais j'in-
sistais, en même temps, sur ce que, dans
le dix-huitième siècle, Voltaire ne fut pas
le seul coupable.

Il y a malheureusement plusieurs manières de défendre une cause : tout couvrir
et tout nier par des apologies mensongères ;
garder le silence sur les côtés faibles, en
enflant la voix sur les points où l'on se sent
fort ; enfin — et cette troisième méthode est
la plus rare — ne rien disputer ni à la justice ni à la vérité, reconnaître les torts chez
ses amis pour avoir le droit de signaler les

fautes chez ses adversaires. Pour mon
compte, je suis profondément convaincu
que cela seul est profitable et, depuis longtemps, je ne crois plus qu'à l'habileté du
vrai. Je fis donc, en toute sincérité, parve-
nir mon sentiment là-dessus à l'évêque
d'Orléans, et je rappelai la valeur que donnerait à toutes les condamnations sur Voltaire une juste sévérité pour nos aveugle-
ments et nos défaillances, durant le
dix-huitième siècle. Je reçus la réponse
suivante :

« Orléans, 29 mai 1878.

« Cher ami,

« Quant au solennel *meâ culpâ* dont
« vous me parlez, j'ose dire qu'il n'y a
« pas de cœur dans lequel il soit plus pro-
« fond que dans le mien.

« Quant à la proclamation de cette grande
« vérité-là, peut-être ne mourrai-je pas
« sans l'avoir faite.

« Tout à vous bien affectueusement en
« Notre-Seigneur,

« † F., évêque d'Orléans. »

La campagne contre le centenaire de
Voltaire n'était pas de nature à désarmer
le mauvais vouloir de M. Dufaure, et de
nouveaux obstacles au succès des négo-
ciations relatives au chapeau devaient in-
failliblement en résulter.

Quelque chose d'analogue se passa sous
Louis XIV, au plus fort des querelles jan-
sénistes: on songea, comme moyen de
pacification, à nommer cardinal le pieux
archevêque de Paris, Antoine de Noailles.
L'abbé Boileau, son ami, qui restait du
parti militant, lui dit un jour : « Vous se-

rez plus grand, Monseigneur, en mettant
le chapeau sous vos pieds que sur votre
tête. » M. de Noailles lui sut mauvais
gré de ce conseil et ne le suivit point.

Avec l'évêque d'Orléans, les rôles furent
intervertis. Ses amis n'échangèrent avec lui
aucune conversation sur ce sujet, car ils
auraient été fort mal reçus, mais, je dois
l'avouer, ils pensèrent et agirent tout autrement que ne l'eût fait l'abbé Boileau.
Ils essayèrent de faire comprendre à M. Dufaure que son opposition à une telle promotion était une grande injustice et une
grande maladresse ; que s'il était question
d'une promotion au Sénat, une objection
sur le 16 Mai pourrait trouver sa place chez
les adversaires du 16 Mai ; mais que, dans
une question toute religieuse , on ne devait
pas admettre de telles considérations.

Quelques sénateurs et quelques évêques

essayèrent de faire comprendre au gouvernement qu'il méconnaissait ici son propre intérêt. Entre la république et les partis, disaient-ils, l'accord est difficile; sur le terrain religieux, l'accord est possible; il pourrait même être durable et devenir fécond. Que veulent donc les républicains sérieux qui se croient et qui se montrent les adversaires de l'Église? Ne devraient-ils pas, au contraire, appeler la bonne entente de tous leurs vœux? L'Église ne porte-t-elle pas en elle-même la réalisation pratique, naturelle, de tous les bienfaits populaires que réclame la société et que les théories antichrétiennes ne réaliseront jamais? On nous attribue les premiers torts, mais ces torts, en les admettant sans les discuter, nul n'a voulu les conjurer, nul ne les a combattus plus franchement et plus à ses propres dépens que l'évêque d'Orléans! Si donc,

aujourd'hui, Rome et Versailles s'enten-
daient pour lui conférer la plus haute dignité que puissent décerner d'un commun
accord l'Église et l'État, ne serait-ce pas
donner un grand encouragement à la modération contre l'emportement ? Ne serait-
ce pas le fait le plus grave et le plus heureux qui se fût accompli, depuis quelques
années, sur le terrain où l'État et l'Église
ont le plus d'intérêt à se rencontrer et à
s'unir ? Chacun comprendrait qu'ici le gouvernement prend au sérieux et de haut sa
mission sociale ; chacun devrait en conclure
aussi que Rome n'a ni parti pris, ni hu-
meur, chaque fois qu'on lui demande
d'aider ou de sanctionner un sentiment
juste ; qu'elle n'oppose aucun obstacle
systématique à aucun gouvernement et ne
se laisse point engager au delà de certaines
limites, même par de prétendus amis.

Ceux qui plaidaient cette cause ajou-
taient — et ils en avaient le droit — qu'ils
parlaient ainsi dans des vues toutes fran-
çaises et sans aucune impatience personnelle de voir revêtir leur illustre ami de
l'éclat de la pourpre. Il y a toujours, en
effet, dans chaque siècle, quelques hommes
qui n'ont pas besoin des grandeurs pour
être grands. Bossuet et Fénelon n'appar-
tinrent point au Sacré-Collège; la mémoire
seule de Louis XIV en a souffert. De notre
temps, Berryer n'a jamais été revêtu
d'aucune dignité officielle ; il n'a jamais
été ni ambassadeur, ni ministre; et pourtant, quelle grande âme n'envierait sa
renommée ! L'évêque d'Orléans, tel que
chacun le connaît, porte si bien le costume
modeste de sa charité, de son zèle apostolique, que pour lui-même, on ne peut souhaiter ni plus d'insignes ni plus de déco-

rations extérieures. Tout ce qui ne le
touche pas comme prêtre lui est indifférent;
ses amis manqueraient envers lui de justice
et de respect s'ils en parlaient autrement;
mais le vœu qu'ils expriment ne s'adresse
qu'à l'intérêt public, et le gouvernement,
s'il le repousse, ne le fera qu'à son propre
détriment.

Quelque justes que fussent ces observa-
tions, quelque incontestable que fût l'autorité des hommes qui tenaient ce langage,
M. Dufaure, je le constate sans surprise,
mais à regret, n'en paraissait point touché.
M. Dufaure a l'esprit d'un homme supérieur et le caractère d'un homme médiocre;
son talent est élevé, ses vues et ses ambitions sont mesquines. L'adversaire irrité
prévalait en lui sur le catholique, et on sentait que sa résistance ne serait pas facilement ébranlée.

Pendant ce temps, malgré le secret que s'appliquaient à garder, dans cette affaire, les hommes politiques qui s'y trouvaient mêlés, une rumeur vague parvint cependant à Orléans : elle produisit deux conséquences immédiates. L'évêque d'Orléans, qui professait une haute admiration pour le cardinal Pecci, et qui s'apprêtait à porter son premier hommage aux pieds du nouveau Souverain-Pontife, renonçant aussitôt à ce projet, suspendit tout préparatif de voyage ; il redoubla d'ardeur contre Voltaire, et quand l'heure de la discussion dans le Sénat eut sonné, personne ne put l'empêcher d'interpeller directement le président du conseil.

Aussitôt après ce devoir accompli et cette rupture volontairement consommée, l'évêque quitta Versailles qu'il ne devait plus revoir. La mesure de ses mérites était comble; l'heure de la récompense était venue.

Ses derniers jours résumèrent bien le fond de son cœur et montrèrent bien la place qu'y occupait toujours la plus fervente piété. Il se rendit d'abord à Einsiedeln pour un pèlerinage dont il avait, depuis longtemps, pris l'habitude. Encore une fois, il voulut mêler son cantique à celui des milliers de pèlerins qui s'y pressent en foule de tous les points de la Suisse, de l'Allemagne, de la France et de l'Italie; encore une fois il voulut joindre sa voix, sous la voûte de Notre-Dame-des-Ermites, à « ces accents de tristesse et d'es-
« pérance; chants qui remercient d'un mi-
« racle, soupirs qui le demandent; *Te Deum*
« et *Stabat,* gémissements de la pénitence,
« élans d'amour, prière du pauvre publi-
« cain, appel du centenier, cris du lépreux,
« pleurs de la Madeleine, adoration des ber-

« gers; tout ce qu'aux grands jours de l'É-
« vangile le Sauveur avait entendu de l'hu-
« manité suppliante, tout ce que l'âme
« humaine peut dire et demander à Dieu [1]. »

En quittant la Suisse, il gagna la Savoie,
son pays natal, vénéra les reliques de saint
François de Sales et de saint Bernard de
Menthon à qui il avait voué un culte tout
spécial, puis enfin il vint demander asile au
château de Lacombe qui était devenu comme sa propre demeure. L'ardeur de son
travail sur Voltaire avait surexcité en lui
des forces factices; mais bientôt se décou-
vrit un épuisement croissant et irrémédia-
ble; il s'éteignit rapidement, tout entier,
sans perdre ni une faculté, ni une affection,
ni un sourire. Il ferma doucement les yeux,

[1] *Pèlerinage à Einsiedeln*, par le vicomte de Melun,
p.174.

son chapelet à la main, et en adressant à l'amitié un dernier adieu. Sa mort fut aussi enviable que sa vie avait été belle. Il interdit après lui l'oraison funèbre; mais il ne pouvait interdire la reconnaissance ni ensevelir dans un perpétuel silence ce qu'il avait caché avec tant de soin à ses contemporains. L'épiscopat a voulu lui faire des obsèques dignes de son estime et ces « pieuses manifestations » ont été sanctionnées par la plus haute approbation qui puisse être obtenue en ce monde, celle du Souverain Pontife.

PIÈCES JUSTIFICATIVES

PIE IX, PAPE.

A MONSEIGNEUR DUPANLOUP, ÉVÊQUE D'ORLÉANS.

Vénérable Frère, Salut et Bénédiction apostolique.

Notre cœur connaît si bien, Vénérable Frère, votre dévouement respectueux et votre affection pour Nous, que, même avant d'avoir reçu l'écrit dans lequel vous avez si heureusement et si utilement traité à la fois deux sujets qui étaient sans rapport entre eux (la Convention du 15 septembre et l'En-

13

cyclique du 8 décembre), il Nous semblait
que déjà Nous entendions votre voix se mêler aux nobles voix de vos Frères. Presque
tous, sans se laisser arrêter par aucune
considération humaine, ni par le danger de
leur position, affirmaient, avec une fermeté
et une liberté toute sacerdotale, devant les
ministres de l'Empire, les droits essentiels
du Saint-Siège et de l'Episcopat méconnus.
Ils prenaient soin en même temps de pré-
munir les fidèles confiés à leur sollicitude
contre le péril des erreurs condamnées par
Nous [1], et ils déclaraient réprouver ces
erreurs au même sens où Nous les avions
nous-même réprouvées. Aussi, avons-
Nous été charmé, mais certes non surpris,
soit du zèle avec lequel vous avez fait par-
venir nos lettres à tous les curés de votre

---

[1] Voir le *Syllabus.*

diocèse, soit de l'écrit dont vous Nous avez
adressé l'hommage, et dans lequel, après
avoir rappelé avec éloges les intrépides pro-
testations de vos Frères dans l'Episcopat,
vous déclariez vous y associer de tout cœur.
En lisant donc avec une attentive avidité
votre écrit, Nous avons été heureux de voir
que non-seulement vous aviez relevé et
justement livré au mépris les calomnies et
les erreurs des journaux qui avaient si mi-
sérablement défiguré le sens de la doctrine
proposée par Nous; mais encore que vous
vous étiez élevé avec force contre l'injuste
interdiction par laquelle, toute liberté de
déclamer contre nos paroles étant laissée à
des écrivains incompétents et hostiles, défense de publier et d'expliquer nos lettres
avait été faite à ceux-là seulement qui en
sont les légitimes interprètes et à qui seuls
elles étaient adressées. Mais ce qui Nous a

aussi causé la plus vive satisfaction, c'est
que vous n'avez pas craint d'énumérer tant
de mensonges, de machinations, de hon-
teuses insolences, de spoliations et de
cruautés, que vous avez voulu, appuyé sur
les faits les plus incontestables et les plus
notoires, remettre sous les yeux de tous,
dans la première partie de votre écrit, pour
faire bien connaître ce que sont ceux à la
bonne garde desquels, par la Convention
du 15 septembre dernier, on croirait pouvoir confier ce qui reste de leur proie, et
nos droits sacrés. Nous vous adressons donc
le présent témoignage de notre gratitude,
certain que, avec votre dévouement accoutumé pour la défense de la religion et de la
vérité, vous enseignerez et ferez comprendre à votre peuple le vrai sens de nos lettres
avec d'autant plus de zèle et de soin que
vous avez refuté plus vigoureusement les

calomnieuses interprétations qu'on leur infligeait. En vous donnant donc l'espérance que Dieu vous récompensera amplement de votre travail, Nous vous envoyons, avec effusion, comme gage de cette récompense et comme témoignage de notre particulière affection, pour vous et pour tout votre diocèse, notre Bénédiction apostolique.

Donné à Rome, le 4 février 1865, de notre Pontificat le dix-neuvième.

PIE IX, PAPE.

LÉON XIII, PAPE

A MONSEIGNEUR DUPANLOUP, ÉVÊQUE D'ORLÉANS.

Vénérable Frère, Salut et Bénédiction apostolique.

Vos félicitations et vos vœux, Vénérable Frère, Nous ont fait le plus grand plaisir venant d'un évêque aussi recommandable que vous l'êtes, par les dons de l'âme et par les éclatants services que vous avez rendus, d'autant plus que le succès des lettres [1] que vous avez publiées faisait présager déjà la victoire qui a été rempor-

[1] Les lettres sur le centenaire de Voltaire.

tée dernièrement sur les complots des sociétés secrètes.

C'est surtout votre éloquence qui a empê-
ché cette sorte d'ovation nationale qu'elles
avaient voulu décerner à l'impiété en infli-
geant en même temps une odieuse injure à
la religion catholique, et au peuple français, qui lui est si attaché, une indigne
flétrissure.

Votre activité, toujours féconde en résultats et couronnée déjà de tant d'autres
succès, l'éminente distinction de votre
esprit et de votre parole, ajoutent à l'expression de vos sentiments affectueux un
tel prix, qu'elles rendent beaucoup plus
vive encore la gratitude que ces sentiments
devaient Nous inspirer.

Aussi, Nous Nous réjouissons que l'influence d'un air plus pur ait affermi votre
santé : qu'elle se conserve longtemps encore

afin surtout que vous puissiez continuer à confondre les perfidies et l'impudence des ennemis de l'Église : c'est le vœu de Notre cœur.

Afin qu'il se réalise heureusement, Nous demandons pour vous, une abondante effusion des secours et des trésors d'en Haut; et en gage de la faveur du ciel, en témoignage de notre affection toute particulière, Nous vous accordons avec amour, à vous et à tout votre diocèse, la Bénédiction apostolique.

Donné à Rome, à Saint-Pierre, le 18 juillet 1878, la première année de notre Pontificat.

LÉON XIII, PAPE.

LÉON XIII, PAPE

A MONSEIGNEUR DUPANLOUP, ÉVÊQUE D'ORLÉANS.

Vénérable Frère, Salut et Bénédiction apostolique.

Nous avons reçu, avec votre lettre, un exemplaire du mandement pastoral que vous avez publié afin de donner aux fidèles de votre diocèse un nouvel élan pour secourir le Saint-Siège dans ses détresses. C'était vraiment là, Vénérable Frère, un sujet digne de votre zèle et de toute la vigueur de votre éloquence; d'autant plus que les ennemis de l'Église ont accumulé sans scrupule tous leurs artifices pour faire dépérir cette œuvre de la piété catholique. Ils le voient bien, eux aussi : c'est l'œuvre capitale, sans laquelle il n'y aurait pour le Saint-Siège ni liberté, ni dignité, ni moyen assuré d'exercer son divin ministère. Aussi est-ce pour lui arracher cette dernière sauvegarde qu'ils ont cru devoir réunir leurs attaques et leurs communs efforts.

Il est donc très-heureux que la voix de l'Épiscopat retentisse au loin pour défendre ces grands intérêts, et Nous Nous réjouissons, Vénérable Frère, que vous ayez eu à cœur de bien faire comprendre aux catholiques qu'il s'agit ici de la cause, non-seulement de l'Église et du Siège apostolique, mais de chacun même de ceux qui donnent ainsi généreusement une part de leur fortune à l'Église : ces largesses leur vaudront certainement les trésors de la bonté et de la miséricorde divines.

Le zèle que vous venez de montrer est une preuve éclatante de votre amour pour le Siège apostolique; Nous avons la confiance qu'il portera ses fruits pour l'honneur de l'Église et notre consolation.

En témoignage de notre bienveillance, et comme gage des faveurs du ciel, Nous vous accordons, avec une bien vive affection en Notre-Seigneur, à vous, à votre clergé et aux fidèles de votre diocèse, la Bénédiction apostolique.

Donné à Rome, près Saint-Pierre, le 11 septembre 1878, la première année de notre Pontificat.

LÉON XIII, PAPE.

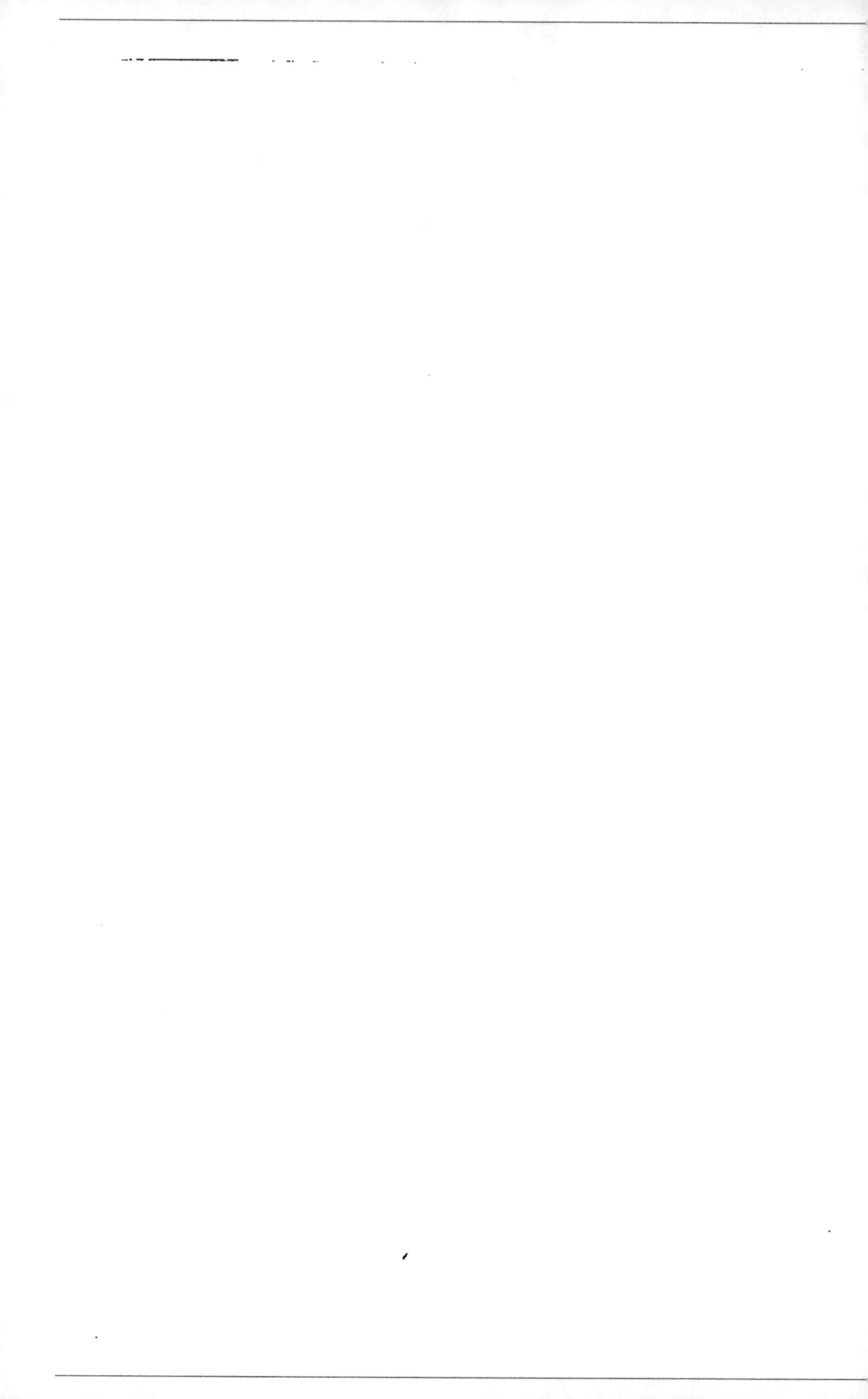

LÉON XIII, PAPE

A MONSEIGNEUR COULLIÉ, ÉVÊQUE D'ORLÉANS.

Vénérable frère, Salut et Bénédiction.

La douleur que Nous avons ressentie, Vénérable frère, en apprenant la mort de votre prédécesseur, a trouvé un heureux adoucissement dans l'éclat des pieuses manifestations qui se sont produites à ses obsèques et des honneurs empressés rendus à la mémoire de ce très-illustre évêque qui a livré tant et de si vaillants combats pour la défense des droits de l'Église.

Et c'est aussi, pensons-Nous, ce qui doit être pour vous-même un juste sujet de con-

solation ; car, bien que vous sentiez vivement le lourd fardeau, les sollicitudes et
toutes les difficultés des affaires qui, par
cette mort, retombent sur vous, votre courage, d'autre part, doit se trouver bien relevé
par l'évidente preuve qu'en cette occasion
vous a donnée de ses religieux sentiments le
peuple fidèle commis à vos soins. Les fonctions auxiliaires, d'ailleurs, que vous avez
quelque temps remplies près de l'illustre
défunt, auront eu déjà pour vous l'avantage
de vous avoir fait connaître l'esprit et les
besoins du diocèse, en même temps que le
titre de coadjuteur vous aura ouvert et apla-
ni les voies au gouvernement épiscopal.

A cela se joint encore, comme on l'assure
de toutes parts, que cette connaissance ac-
quise par vous du diocèse d'Orléans, vous
en avez toujours usé jusqu'ici avec une prudence qui vous a rendu agréable à tous, et

que votre zèle, votre piété, votre applica-
tion aux affaires vous ont fait également ai-
mer de Dieu et des hommes. C'est donc
sous les plus heureux auspices que vous en-
trerez dans la charge pastorale; et comme,
selon la remarque de saint Bernardin de
Sienne, ceux que Dieu appelle à de hauts
emplois, sa Providence ne manque jamais
de leur départir largement les grâces dont
ils ont besoin pour remplir leur charge con-
venablement et avec honneur, l'assurance
d'un si puissant concours d'en Haut vous
doit donner la ferme confiance que vous
pourrez suffire à tout ce qui sera de votre
devoir.

Quant à Nous, plus sont humbles les sentiments que vous avez de vous-même et
plus aussi Nous espérons que seront grandes les grâces dont Dieu vous comblera.
C'est ce que de tout cœur Nous vous prédi-

14

sons, en même temps que comme gage de la faveur divine et de notre particulière bienveillance envers vous, Nous vous accordons avec grande affection, à vous, vénérable frère, et à tout le clergé et aux fidèles de votre diocèse, la Bénédiction apostolique.

Donné à Rome, près Saint-Pierre, le 7 novembre de l'année 1878, de notre pontificat la première.

LÉON XIII, PAPE.

FIN.

TABLE

Paris. — Typ. G. Chamerot, 19, rue des Saints-Pères. — 7832.

HISTOIRE DES ÉTATS-UNIS D'AMÉRIQUE
DEPUIS LES TEMPS LES PLUS RECULÉS JUSQU'A NOS JOURS
PAR FRÉDÉRICK NOLTE
2 vol. in-8° . . . . 12 fr.

HISTOIRE DE MONTESQUIEU
SA VIE ET SES OUVRAGES
PAR L. VIAN
(Ouvrage couronné par l'Académie française.)

2ᵉ édition revue et augmentée, 1 vol. in-8° . . . . 7 fr. 50

CAMOENS ET LES LUSIADES
ÉTUDE HISTORIQUE ET LITTÉRAIRE
SUIVIE DU POÈME ANNOTÉ
PAR CLOVIS LAMARRE
1 fort vol. in-8° . . . . 8 fr.

TABLEAU DE LA LITTÉRATURE FRANÇAISE
(1800-1815)
MOUVEMENT RELIGIEUX, PHILOSOPHIQUE ET POÉTIQUE
PAR G. MERLET
(Ouvrage couronné par l'Académie française.)

1 fort vol. in-8° . . . . 8 fr.

LA SCIENCE SANS DIEU
CONFÉRENCES
PAR LE R. P. DIDON
1 vol. in-12 . . . . 3 fr. 50

Du même Auteur :

L'HOMME SELON LA SCIENCE ET LA FOI
CONFÉRENCES
2ᵉ édition, 1 vol. . . . . 3 fr.

L'ENSEIGNEMENT SUPÉRIEUR ET LES UNIVERSITÉS CATHOLIQUES
1 vol. . . . . 3 fr.

PHILOSOPHES MODERNES
FRANÇAIS ET ÉTRANGERS
PAR AD. FRANCK
DE L'INSTITUT

1 vol. in-12. . . . . 3 fr. 50

LE VILLAGE SOUS L'ANCIEN RÉGIME
PAR ALBERT BABEAU

2ᵉ édition, revue et augmentée. 1 vol. in-12. . . . . 3 fr. 50

LA PHILOSOPHIE EN FRANCE
AU XIXᵉ SIÈCLE
ÉTUDE SUR LE SOCIALISME, LE NATURALISME ET LE POSITIVISME
PAR FERRAZ
PROFESSEUR A LA FACULTÉ DE LYON

(Ouvrage couronné par l'Académie française.)

2ᵉ édition. 1 fort vol. in-12. . . . . 4 fr.

DIX ANS DE L'HISTOIRE D'ALLEMAGNE
FRÉDÉRIC-GUILLAUME IV ET M. DE BUNSEN
PAR SAINT-RENÉ TAILLANDIER

2ᵉ édition. 1 vol. in-12. 3 fr. 50

BASQUES ET NAVARRAIS
SOUVENIRS D'UN VOYAGE DANS LE NORD DE L'ESPAGNE
PAR LOUIS LANDE

1 vol. in-12. . . . . 3 fr. 50

L'ART PAÏEN
SOUS LES EMPEREURS CHRÉTIENS
PAR PAUL ALLARD

1 vol. in-12. . . . . 3 fr. 50

Paris. — Typ. Georges Chamerot, 19, rue des Saints-Pères. — 7852.

NOUVELLES PUBLICATIONS

DE LA

LIBRAIRIE ACADÉMIQUE
DIDIER ET CIE

LA DUCHESSE D'AIGUILLON
NIÈCE DU CARDINAL DE RICHELIEU
SA VIE ET SES ŒUVRES CHARITABLES
PAR BONNEAU-AVENANT

Un beau vol. in-8°, orné d'un joli portrait. . . . .   8 fr.

Du même Auteur :

MADAME DE MIRAMION, SA VIE ET SES ŒUVRES CHARITABLES
(Ouvrage couronné par l'Académie française)
2e édition. 1 vol. in-8°, orné d'un portrait. . . . .   7 fr. 50

LE CARDINAL DE RETZ
SES MISSIONS DIPLOMATIQUES A ROME
PAR R. CHANTELAUZE

Un beau vol. in-8° . . . .   8 fr.

Du même Auteur :

LE CARDINAL DE RETZ ET L'AFFAIRE DU CHAPEAU
ÉTUDE HISTORIQUE, SUIVIE DES LETTRES INÉDITES, ETC.
(Ouvrage qui a obtenu le grand Prix Gobert de l'Académie française.)
2 beaux vol. in-8°, ornés d'un portrait et de fac-simile . . . . . .   16 fr.

RÉMINISCENCES
SOUVENIRS D'ANGLETERRE ET D'ITALIE
PAR Mme AUG. CRAVEN

1 vol. in-8°. . . . .   7 fr. 50

LETTRES INTIMES DE Mlle DE CONDÉ
A M. DE LA GERVAISAIS
AVEC UNE PRÉFACE DE BALLANCHE, UNE INTRODUCTION ET DES NOTES
PAR PAUL VIOLLET

3e édition. 1 joli vol., orné de 2 portraits et fac-simile . . . . . .   4 fr.

ŒUVRES DE BERRYER

1re série : **Discours parlementaires**, complète en 5 vol. in-8°. 35 fr.
2e série : **Plaidoyers**, complète en 4 vol. in-8°. . . . . 28 fr.
Les volumes de chaque série ne se vendent pas séparément.

LORD PALMERSTON

SA CORRESPONDANCE INTIME

POUR SERVIR A L'HISTOIRE DIPLOMATIQUE DE L'EUROPE

Avec une introduction et un appendice

PAR AUGUSTUS CRAVEN

1re partie : **1830-1848.** 1 vol. in-8°, orné d'un portrait . . . . . 8 fr.

Sous presse :

2e et dernière partie : **1849-1865.** 1 vol. in-8° . . . . 8 fr.

LE MARÉCHAL DAVOUT

RACONTÉ PAR LES SIENS ET PAR LUI-MÊME

ANNÉES DE JEUNESSE

PAR Mme LA MARQUISE DE BLOCQUEVILLE

1 vol. in-8° orné d'un portrait . . . . 7 fr. 50

4e SÉRIE

LETTRES, JOURNAL ET DOCUMENTS

POUR SERVIR A

L'HISTOIRE DU CANAL DE SUEZ

PAR FERD. DE LESSEPS

1 vol. in-8° . . . . 7 fr.

LES CELTES

LA GAULE CELTIQUE

ÉTUDE CRITIQUE

PAR L. DE VALROGER

Professeur à l'École de Droit de Paris.

1 fort vol. in-8° . . . . 7 fr. 50

LES ALBIGEOIS

LEURS ORIGINES

ACTION DE L'ÉGLISE AU XIIe SIÈCLE

PAR L'ABBÉ C. DOUAIS

1 fort vol. in-8° . . . . 7 fr. 50